LES **TRÉSORS** DE **LA CONNAISSANCE** D'**ATLANTIDE:**

LES OUTILS ÉNERGÉTIQUES

ISABELLE ST GERMAIN

L'image de couverture a été créée par Dominique Huser.

Première édition — 2025

ISBN

Relié: 979-8-90190-032-1
Broché: 979-8-90190-031-4

Voici la traduction en français (liens laissés tels quels) :
Je vous invite à découvrir mon univers et n'hésitez pas à me contacter !
Site web : https://isabellestgermain.com
Courriel : isabellestgermain2022@gmail.com
YouTube : Isabelle St Germain
Facebook : Isabelle St-Germain

Table Des Matières

Note au lecteur

Il est important de savoir que je n'encourage jamais personne à arrêter une médication, des traitements allopathiques ou une aide psychologique sans l'accord de son médecin.

Ce livre a pour but de vous amener à comprendre le fonctionnement de votre corps holistique. Je vous y enseignerai comment utiliser votre pouvoir créateur et votre puissance créatrice pour retrouver une meilleure santé globale ainsi qu'une qualité de vie optimale.

Je souhaite également vous offrir la connaissance et les outils énergétiques sacrés dont vous aurez besoin pour apprendre facilement comment neutraliser et/ou libérer les énergies disqualifiées.

Ce livre ne vise donc en aucun cas à se substituer ou à remplacer de quelque manière que ce soit toute autre démarche de consultation en médecine, en psychologie et/ou en psychothérapie.

J'utilise des mots tels que : Dieu, Sacré Initial, Sacre-Sein Initial, Rayonnance sacrée, sachez que la vibration de ces mots est très importante si vous souhaitez obtenir de meilleurs résultats. Cependant, ces mots ne sont pas associés à une religion et je vous demande d'en tenir compte. **Également,** le masculin a été utilisé afin d'alléger la lecture et comprend le féminin lorsque le contexte requiert.

À **Annie Poirier**, dont la perspicacité et les conseils ont permis d'apporter clarté et structure à ces pages.

Mes remerciements les plus sincères vont également à toutes les personnes qui ont consacré leur temps et leur expertise à la révision et à la mise en forme de cet ouvrage.

Préambule

La vie a toujours été considérée comme un grand mystère. Et pourtant! Si vous saviez à quel point cette puissante vibration animant tout ce qui existe regorge d'une multitude de connaissances extraordinaires et accessibles à chacun d'entre nous, vous seriez émerveillé!

Le but de cet ouvrage est justement de vous partager mes grandes et puissantes découvertes des 20 dernières années et plus spécifiquement les trésors de la connaissance d'Atlantide et ses outils énergétiques sacrés. Je souhaite sincèrement vous permettre de constater et d'intégrer qu'il est simple et facile de se transformer lorsque l'on apprend à appliquer certaines règles de base.

Ce qui m'a été révélé au cours de mes nombreuses recherches et expériences mystiques en continu dépasse de loin l'entendement humain. Grâce à ces fascinants voyages à travers le temps, dans les différentes dimensions, espaces et plans vibratoires, j'ai pu retrouver la connaissance de mon âme. Je n'ai certes pas la prétention d'affirmer que j'ai tout découvert! Je continue encore aujourd'hui à explorer et à découvrir, avec beaucoup de joie et de gratitude, de nouveaux espaces débordant d'informations précieuses et sacrées qui ont un grand impact positif et parfois beaucoup moins positifs sur ma vie et sur mon corps physique, émotionnel, psychique et psychologique. Je constate chaque jour les mêmes résultats éblouissants autant chez mes étudiants que chez mes clients.

C'est en intégrant la puissance de la science du verbe à un niveau insoupçonné jusqu'à maintenant que tout a commencé à prendre son sens pour moi. Lorsque j'ai compris que tout pouvait se transformer instantanément en apprenant à remettre en action de façon différente et très efficace la science de cette maxime très connue : « demandez et vous recevrez », la magie de la vie a opéré ses miracles partout en moi et autour de moi!

Vous réaliserez très rapidement que même si le corps physique a été conçu de façon plutôt complexe, il est vraiment possible pour vous également de vivre concrètement de petites et/ ou de très grandes transformations à tous les niveaux incluant votre santé physique. Sachez également que l'âge n'a aucune incidence sur les résultats que vous obtiendrez. Le processus est le même pour tout un chacun.

Je vous entends déjà vous poser la question : « est-ce vraiment possible que nous ayons la possibilité d'agir et d'intervenir au niveau de notre santé physique, émotionnelle, psychique, psychologique et de celles des autres personnes aussi facilement? ».

En réponse à toutes ces questions, je vous expliquerai mon histoire. Je partagerai avec vous ce qui a fait de moi qui je suis aujourd'hui. Sachez que peu importe qui vous êtes, vous trouverez les réponses à vos questionnements, des exercices faciles et pratiques à intégrer dans votre quotidien. Vous découvrirez également avec joie que vous êtes tout à fait normal car tout coexiste et tout est absolument possible. Il ne tient qu'à chaque être humain de remettre la science du verbe en action afin d'obtenir des résultats magistraux.

Afin de profiter au maximum des bénéfices de votre lecture, je vous suggère grandement d'éviter toutes interprétations faites à partir de votre mental dirigeant et contrôlant. Au travers de ces lignes, vous partirez à la découverte de votre pouvoir créateur. Je vous invite à vous installer confortablement dans l'espace sacré de votre cœur, à votre façon unique et de poser l'intention de recevoir ces connaissances à un niveau cellulaire profond ainsi que dans tout votre être holistique. De cette façon, vous intégrerez rapidement et naturellement tous les enseignements que je m'apprête à vous transmettre.

De plus, je souhaite que ce livre puisse être une expérience interactive joyeuse, puissante et amusante pour vous, mes chers lecteurs. J'ai donc le bonheur de vous annoncer que vous aurez accès, en temps réel, à plusieurs exercices vous permettant d'intégrer immédiatement les nouvelles notions apprises. Vous aurez toujours le choix entre poursuivre votre captivante lecture ou vous rendre à l'exercice exploratoire suggéré, selon votre inspiration du moment.

Chaque fois que vous verrez ce 💙 symbole, il sera possible de vous rendre directement à la page et à l'exercice proposé afin d'approfondir concrètement vos nouveaux apprentissages.

J'ai la conviction que c'est en prenant le temps de mettre en pratique nos acquis récents que ces derniers s'ancrent réellement dans tout notre être holistique, nos cellules ainsi que dans notre vie quotidienne. Je vous invite donc à toujours vous laisser guider par la Rayonnance sacrée de votre cœur pour connaître votre besoin, ici et maintenant. Tout est toujours juste et parfait et arrive au bon moment dans notre chemin évolutif.

Parvenir à des résultats permanents demande une grande détermination, une volonté indéfectible et la Foi en soi. Rien que parler de Foi en soi surprendra probablement plusieurs d'entre vous car elle a été utilisée de façon erronée par la religion, la médecine et les grands métiers. Ce n'est absolument pas la justesse des choses.

La Foi est une fréquence vibratoire et sonore divine qui devrait vibrer très fort en vous et en tout temps. Elle possède une super force intérieure qui fait en sorte de vous aligner à la vérité de votre cœur. Dès qu'elle est activée et intensifiée tout devient très précis au niveau des pensées et de ce qu'il y a à faire ou à accomplir.

Êtes-vous prêt pour l'Aventure? Allons-y!!

Introduction

Toute personne s'incarnant sur la Terre a une mission de vie à accomplir. Pour vous permettre de mieux saisir cette notion importante, je vous partagerai la mienne au fil de ces pages. Je vous offrirai des enseignements précieux qui viendront soutenir votre propre mission, votre propre évolution. J'avoue bien humblement que j'aurais apprécié connaître ces informations dès mon plus jeune âge. Celles-ci m'auraient permis de mieux comprendre la raison pour laquelle j'ai dû vivre de si nombreuses expériences vraiment pas faciles à traverser au cours de mon existence.

Je vous assure qu'à la suite de ces événements assez déstabilisants pour moi, j'ai dû apprendre à développer la foi et la confiance absolue en qui je suis, en mon pouvoir créateur d'amour et en tout ce qui n'est pas perceptible avec nos yeux terrestres. Avant d'approfondir davantage mon histoire, je vous propose de vous enseigner certaines notions importantes concernant la mission de vie.

Amour de soi et des autres

Sachez que la première chose que tous les humains sont venus accomplir sur cette Terre est de réapprendre à s'aimer, s'accepter entièrement et vivre sa vie par amour pour soi. Pourquoi? Du fait que dans les incarnations passées de l'âme, cette puissance d'amour a presque exclusivement été alimentée envers les autres, les animaux et les objets.

Mais qu'est-ce que l'amour au juste?

Il est primordial de faire la distinction entre s'aimer soi et l'autre véritablement et l'illusion d'aimer qui est guidée par les peurs et les blessures de l'âme non-guéries.

Encore aujourd'hui, l'amour envers soi est considéré comme étant une forme d'égoïsme par notre société. Cette fausse croyance freine trop souvent l'expansion divine de nombreux humains qui, souhaitant être considérés comme une « bonne personne aimante », font le choix de s'oublier complètement eux-mêmes afin d'aider leur prochain sans relâche.

Ce comportement n'étant absolument pas aligné avec la vérité de votre mission sur la Terre, vous remarquerez que lorsque vous choisissez d'emprunter cette route d'amour illusoire, votre corps se fait un plaisir de vous en avertir. Il vous fait parvenir des signaux d'alerte plus ou moins intenses selon vos agissements afin de vous permettre de prendre conscience qu'il est plus que temps de réapprendre à vous aimer véritablement.

Par exemple, il se peut que vous vous sentiez de plus en plus vide intérieurement comme si votre vie n'avait plus de sens. Il est aussi possible que vous vous sentiez souvent épuisé physiquement et/ou émotionnellement lorsque vous faites ce choix opposé à votre vraie nature.

Ça vous parle?

Je vous rassure immédiatement, se reconnecter à l'amour de soi ne veut absolument pas dire cesser d'aider votre prochain! Cela signifie prendre le temps de se régénérer, de se déposer, de faire des choix conscients remplis d'amour pour soi. Ceci afin d'apprendre à vous offrir le meilleur en tout pour ainsi donner en retour la meilleure version de qui vous êtes.

Vous aurez donc compris qu'il est impératif, pour chacun d'entre nous, de nous autoriser à réactiver maintenant cette grande Rayonnance sacrée d'amour envers soi et ce, à tous les niveaux.

C'est en faisant ce choix conscient de vivre à partir de la vérité de votre cœur que vous découvrirez la voix d'accès rapide à toute la connaissance que porte votre âme. Cette clé que vous détenez est très précieuse car plus vous vous connecterez à la vérité de votre cœur, cette puissante fréquence d'amour infini, et plus vous serez ébloui de découvrir l'univers des possibilités infinies qui s'offriront à vous!

Parlons maintenant un peu plus en détail de ce qu'est l'amour véritable. Il se ressent tel un puissant élan du cœur qui permet de s'accueillir et accueillir l'autre tel que nous sommes avec bienveillance, sans jugement, sans aucune critique, ni attente. Vous savez, ce sentiment d'être dépourvu de toute forme de possessivité, de culpabilité, d'appartenance, d'autodestruction, d'auto-sabotage et d'attachement qui nous permet de nous sentir entièrement libre, le cœur grand ouvert à tout ce qui est. Incarner l'amour véritable nous connecte à toutes nos richesses intérieures telles que la liberté d'être, la joie d'exister, la paix, la sérénité, le bien-être, le bonheur, la confiance en soi, la reconnaissance de notre valeur qui en passant est inestimable, la foi, l'abondance ainsi que le respect de soi, etc. Souvenez-vous que l'amour n'est pas une émotion mais un état d'âme.

L'amour vrai, c'est également incarner avec certitude qu'après nous, tous les êtres qui gravitent dans notre univers sont les personnes les plus importantes dans notre vie. Tout ce temps que nous choisissons de passer avec les êtres qui nous entourent est un rendez-vous divin qui a été planifié bien avant de nous incarner sur la Terre. Le plan céleste est grandiose!

Aimer véritablement peut sembler très aisé au premier abord et en même temps, un très grand nombre d'humains s'autosabotent parce qu'ils estiment ne pas mériter l'amour et en être indignes. C'est le milieu de vie et l'éducation dans lequel vous avez évolué lorsque vous étiez plus jeune qui déterminera le plus souvent votre capacité à recevoir et à donner l'amour. Pour vous aider à mieux comprendre ce concept, je vous invite à visualiser les deux scénarios suivants : imaginez un enfant qui aurait grandi dans une famille où ses parents auraient constamment ressassé qu'il ne valait rien, car ses résultats scolaires étaient toujours en-dessous de la moyenne; Imaginez maintenant le cas d'un enfant qui aurait entendu toute sa vie qu'il n'arriverait jamais à accomplir quoi que ce soit de bien car il n'est pas assez intelligent.

Les conséquences qu'auront ces paroles dévastatrices sur la vie de ces jeunes en construction sont immenses. À cet âge, le cerveau n'a pas encore la capacité de discernement d'un cerveau adulte. Ces mots exerceront donc une influence directe sur la confiance, l'estime et la foi en eux-mêmes. Plusieurs maladies mentales en sont d'ailleurs issues. Ces comportements et paroles malsaines des parents sont la plupart du temps une répétition, souvent inconsciente, de leur propre schéma difficile vécu dans leur enfance. Mais comment faire pour s'en libérer? La voie de l'acceptation et de la reconnaissance de ce qui a été vécu, dit ou pensé est une clé magique qui vous permettra de retrouver très rapidement la paix intérieure. Au lieu de refouler profondément en soi la souffrance, vous faites le choix d'admettre que cela a eu lieu tout simplement. Cela ne veut pas dire que vous êtes en accord avec ce qui a été fait, dit ou pensé, cela signifie que par amour pour soi, vous faites le choix conscient de poser la paix dans tout votre être. Un indice pour savoir si vous avez réussi à vous libérer complètement est le suivant : connectez-vous au niveau de votre cœur et ramener à votre conscience l'expérience à transformer. Si vous ressentez un élan d'amour en y repensant cela signifie que vous avez réussi. Si un serrement survient, il serait bon de recommencer l'exercice. C'est tout à fait naturel que cela puisse prendre plusieurs tentatives avant d'arriver à la libération complète.

Je suis curieuse, avez-vous conscience d'avoir vécu des situations, expériences, paroles et/ou gestes moins faciles dans votre enfance et qui freinent votre élan de vie encore aujourd'hui? Je vous invite à prendre un moment pour fermer les yeux afin de vous consulter et demander à votre âme de ramener à votre mémoire tout ce qui n'a pas encore été pardonné, accepté et reconnu. Je vous suggère d'inscrire ces précieuses informations dans un calepin. De cette façon, vous aurez des exemples concrets à pratiquer lors de la lecture des prochains chapitres.

Je tiens à vous remercier sincèrement pour ces pas magnifiques que vous choisissez de faire, ici et maintenant, par amour pour vous.

Si vous souhaitez expérimenter cette nouvelle notion, rendez-vous immédiatement à la page : 143, exercice #1.

Bonne découverte! La procédure de base

Être totalement responsable de sa vie

Saviez-vous que tout ce que vous vivez en ce moment dans votre vie et avez vécu dans votre passé, vous l'avez attiré à vous grâce à chacune de vos pensées, de vos paroles ou gestes? C'est ce que l'on appelle la loi de cause à effet liée à la science de votre verbe. Plus vous serez en mesure d'accepter et de reconnaître l'entière responsabilité de votre immense puissance créatrice, plus vous retrouverez l'accès à votre grand pouvoir de créer votre vie de rêve dans la facilité.

Pour parvenir à percevoir de réels changements dans votre quotidien, cela vous demandera de développer une grande présence à vous-même, afin de bien choisir vos paroles, les pensées que vous alimentez et les gestes que vous posez. Tout ce que vous émanez reviendra toujours vers vous.

En même temps, je vous invite à vous déposer dans un espace rempli de bienveillance envers vous et d'utiliser ces enseignements pour apprendre à mieux vous connaître et à développer la nouvelle capacité de vous observer en conscience, à chaque instant. Vous constaterez rapidement à quel point il est excitant de reprendre son pouvoir personnel et de manifester dans la joie et la facilité tout ce que vous souhaitez voir se réaliser dans votre vie. S'aimer c'est de l'art et de l'or à la fois et très peu de personnes réussissent facilement et rapidement.

Qui peut dire que son verbe est impeccable, que ses pensées sont toujours positives? En même temps, je vous invite à réellement vous amuser, de façon détachée, à percevoir tous les nouveaux miracles que chacun des petits et grands changements effectués produiront dans votre vie! Je vous le dis, la justice divine est totalement neutre alors maintenant que vous connaissez ce grand secret, à vous de jouer!

À présent j'aimerais vous faire prendre conscience de l'impact de vos paroles et de vos pensées. Vous êtes créateurs, donc il sera important de comprendre que ce n'est pas en arrêtant de parler que cela règlera vos petits soucis. Lors de mon processus d'apprentissage, c'est la première chose à laquelle j'ai pensé. Je me disais que si je cessais de parler, il n'y aurait plus d'expériences désagréables à vivre. Je n'avais pas réalisé à ce moment-là, que mes pensées agissaient aussi fortement que mon verbe. Ce qui est également important de vous souvenir est que vous pouvez manifester de belles et grandes choses également. Tout n'est pas nécessairement négatif. De plus, très souvent, lorsque quelqu'un vit une expérience vraiment extraordinaire, la première chose qu'il va dire : « c'est grâce à lui ou à elle si cela m'arrive ». Lorsque c'est le contraire, tout de suite la personne va dire : « naturellement, à moi il n'arrive que des expériences moches et désagréables ». Quand l'expérience est belle, vous devez en être très fier et prendre tout le crédit. C'est vous qui avez fait en sorte que cela se manifeste dans votre vie et non pas grâce à quelqu'un d'autre.

Un jour, en pleine séance d'écriture de 2 fascicules d'ateliers différents - il était environ 1h du matin et je n'avais pas terminé - je me suis dit qu'il était temps d'aller dormir. Le maître Saint-Germain affirma : « nous n'avons pas encore terminé! ». Je me suis arrêtée et je lui ai répondu : « je le sais, mais je terminerai demain ». Il a persisté pour que j'écrive tout le fascicule.

Pour donner suite à cette expérience, j'ai commencé à dire que les êtres de lumière me poussent dans le derrière pour que j'écrive plus rapidement. Je l'ai dit à plusieurs reprises et je me suis retrouvée avec une crise d'hémorroïdes laquelle a duré pendant cinq semaines. En plus, je n'arrêtais pas de dire qu'après, quand ce sera terminé, j'aurais un arrière-train flambant neuf... Je peux vous dire que cela brûlait de plus en plus et je ne savais plus comment m'asseoir. Je vous confirme que ce ne sont pas les êtres de lumière qui nous poussent dans le derrière !

Un matin où il faisait environ -40 degrés à l'extérieur, je devais sortir de chez moi et j'habitais au 2e étage. J'avais un grand escalier à descendre et une grosse porte très lourde en bois qui me protégeait du froid hivernal. Je n'ai pas réussi à tirer la porte derrière moi, et après de nombreuses tentatives, le seul moyen que j'aie trouvé pour la fermer a été de donner un bon élan. Ce qui a produit un grand bruit, que tout le quartier a pu entendre! Après avoir poussé la porte deux ou trois fois de cette façon, mon propriétaire qui habitait juste en bas de chez moi est venu sonner à ma porte. Je lui ai demandé de fermer la porte, car c'était moi qui payais l'électricité. Il m'a crié dessus pendant bien dix minutes et m'a accusée d'avoir brisé la porte. Selon lui, c'était pour cela qu'elle ne fermait pas. Il m'a mentionné que je n'étais plus la bienvenue et que mon bail ne serait pas renouvelé. Il est sorti de chez moi et j'ai encore une fois fermé la porte de la seule façon que j'avais trouvée pour qu'elle ne s'ouvre plus. Je suis montée chez moi et mon copain de l'époque m'a regardée et il m'a dit : « savais-tu que c'est de ta faute si cela t'arrive? ». Je l'ai bien foudroyé du regard, car j'estimais avoir droit à plus de compassion et j'avais espéré qu'il prendrait mon parti. Je vous passe tout le détail de ce que je lui ai répondu. Cependant, j'ai repensé à ses mots lorsque je suis allée me coucher. Vous n'allez peut-être pas me croire! C'était mon premier logement dans la ville de Montréal et lorsque je l'ai visité, je ne me sentais pas très en sécurité. J'avais pris le temps de trouver l'école pour ma fille et ensuite l'appartement. Le propriétaire m'a téléphoné le lendemain pour me dire que j'étais acceptée et je suis retournée pour signer le bail de location. À ma grande surprise, il y avait une pancarte « À VENDRE » sur la maison. Lorsque j'ai signé mon bail, j'ai dit au propriétaire qu'il n'arriverait pas à vendre la maison, car je n'avais pas l'intention de déménager toute de suite. Cette conversation est revenue à ma conscience. Le lendemain matin, je suis descendue voir le propriétaire, pour lui dire que je partirais sans problème si je n'étais plus la bienvenue. Nous avons discuté pendant dix à quinze minutes et lorsque je suis retournée chez moi, ma porte qui n'avait pas été réparée s'est refermée naturellement comme si elle n'avait jamais été brisée.

Tout cela pour dire, que nous n'avons pas le droit d'empêcher la réalisation des projets ou des désirs de quelqu'un. Cette expérience s'est produite il y a presque 25 ans. Pourtant depuis que je suis adolescente, je sais que mon verbe est puissant. Cependant, je ne savais pas à cette époque que je pouvais manifester des expériences de ce genre.

J'ai vécu le retour de mon verbe à cet endroit à quelques reprises. Notamment, lorsque je revenais du travail, il était passé 18h et je n'avais pas de stationnement privé. Parfois je devais stationner deux rues plus loin. J'ai commencé à penser et dire qu'il était embarrassant de posséder une voiture alors que je vivais en ville, à Montréal. Naturellement, deux mois plus tard, lorsque j'ai voulu rejoindre ma voiture pour aller au travail, elle avait été volée pendant la nuit.

À cette époque, je travaillais pour une compagnie de financement et tous les matins le facteur m'apportait des enveloppes grises qui contenaient les paiements de nos clients. J'ai demandé au facteur s'il lui serait possible de me livrer une grosse gerbe de fleurs au lieu de ces enveloppes grises et ce tout simplement par plaisir de me les offrir, sans aucune attente. Je lui ai fait ma demande pendant deux semaines, mon patron me disait que je devais arrêter de rêver en couleur. Un jour que j'étais sortie pour la pause déjeuner, en revenant au bureau, une collègue me dit : « c'est le temps que tu arrives, il y a quelqu'un qui est là pour toi ». J'ai avancé et tout ce que je voyais, c'était un immense bouquet de fleurs mais vraiment énorme qui cachait le visage de la personne qui le tenait devant lui. Cette personne m'a tendu les fleurs et il y avait une carte qui l'accompagnait et qui disait: « sans aucune attente, juste pour le plaisir de te les offrir! ». Vous pouvez imaginer le regard que mon patron m'a lancé lorsqu'il a vu l'immense gerbe de fleurs…

Vous pouvez donc constater qu'il est possible de manifester exactement ce que l'on désire. Je suis quelqu'un qui parle beaucoup, ç'est pratique pour mon travail, cependant ce qui est moins rigolo, c'est que je dois utiliser des mots à connotation moins positive très souvent pour faire comprendre à mes clients la raison qui amène autant de souffrance dans leur vie. Tous ces mots sortent de ma bouche et si je ne neutralise pas l'impact de ces paroles, le retour se fait très rapidement. Lorsque j'ai demandé à mes guides la raison principale de ces retours, ils m'ont expliqué très gentiment que j'avais la connaissance et les outils énergétiques pour faire ces libérations. Que c'était ma responsabilité de le faire et rien de plus.

Lorsque je vous mentionne que nous adhérons à beaucoup de croyances et bien, je ne suis pas épargnée et loin de l'être. Tout me revient à vitesse grand V. Ce n'est pas parce que j'ai cette connaissance et que je permets à beaucoup de personnes de transformer leur vie, que je peux dire n'importe quoi sans savoir que le retour sera au rendez-vous. Nous prononçons des milliers de mots par jour, alors est-ce que vous croyez que tout ce que vous dites, vous servira et ce, pour votre plus grand bien? La meilleure façon de savoir ce que vous vivrez dans les jours, les semaines et les mois à venir est facile à connaitre et vous n'avez pas besoin de boule de cristal pour le savoir.

Lorsque vous aurez un souper ou un dîner avec des amis ou des membres de votre famille, enclenchez la fonction enregistrement de votre téléphone cellulaire pendant le repas et oubliez- le. Le lendemain, faites l'écoute de tout ce que vous avez dit. Vous devez savoir tout de suite que vous n'apprécierez pas vraiment ces paroles prononcées avec beaucoup d'émotion. Je vous invite à noter les grandes lignes et laissez le temps vous démontrer que vous êtes de grands créateurs. Par expérience, je sais que même si j'ai fait beaucoup de transformations pour avoir un verbe créateur qui me serve au lieu de m'apporter des expériences moins agréables, le naturel revient au galop lorsqu'on se retrouve en famille. Les vieilles expressions, la façon de renchérir les dires des frères et sœurs et j'en passe. C'est la plus belle expérience à faire et la moins facile à défaire. Je vous donnerai la marche à suivre pour apprendre à neutraliser l'impact de vos paroles ou vos pensées et dites-vous que vous pouvez atteindre vos buts avec beaucoup de persévérance. Il n'y aura pas de fatalité, souvenez-vous que nous aurons toujours une deuxième chance pour nous reprendre.

Beaucoup de personnes m'ont dit : « Tu sais Isabelle, si j'utilise ma deuxième chance et que je me plante à nouveau, tout sera joué pour moi, ce sera terminé et je ne pourrai rien faire d'autre qu'attendre le retour de mes paroles ou de mes pensées. C'est à ce moment que je leur ai expliqué qu'avoir une deuxième chance veut dire tout simplement qu'il est possible de refaire l'exercice indéfiniment pour neutraliser l'impact destructeur de sa vie, de son corps, de son couloir de réalité passée, présent et futur. Tout se vit dans le moment présent. À vous de faire l'expérience et vous réaliserez très rapidement que la vie est vraiment bien faite. Tout dépend de vous et jusqu'à quel point vous désirez voir se réaliser ce qui est cher à votre cœur.

Parfois, je me demande s'il serait possible d'avoir une petite cloche qui résonne dans mes oreilles à chaque fois qu'une pensée ou une parole n'est pas en alignement parfait avec ce que la vie veut m'offrir de plus merveilleux. Sincèrement, je sais que c'est possible de le faire mais j'ai l'impression que cela sonnerait très souvent ha! ha! ha!

Apprendre à rire de ses propres récoltes n'est pas toujours chose facile et pourtant, au lieu de culpabiliser, si simplement on éclatait de rire, cela ne prendrait pas des heures et des jours avant de passer à autre chose de plus bénéfique pour soi. Lorsque vous aurez compris, accepté et reconnu que la puissance de votre pouvoir créateur est infinie, vous mettrez votre verbe et vos pensées à votre service, j'en suis convaincue.

Il y a quelques années, alors que je découvrais que je pouvais manifester des sphères de guérison émotionnelle, ce qui selon moi, était beaucoup plus rapide au niveau des résultats à obtenir, je n'avais pas encore réalisé que je demandais à chaque fois, que cela soit fait au niveau émotionnel et non pas au niveau physique. J'ai donc manifesté de très nombreuses sphères, toutes différentes et très puissantes à la fois. Il est vrai que de très grandes transformations se produisaient pour tous ceux et celles qui les expérimentaient. Cependant, au niveau du corps physique, cela ne s'installait pas de façon définitive et je ne comprenais vraiment pas pourquoi jusqu'à récemment. Je ne me souviens pas ce que j'étais en train de faire quand, tout à coup, ce fut la révélation du siècle pour moi. Je peux dire que la déception que j'ai ressentie à ce moment était tellement grande. Je n'arrivais pas à croire que pendant toutes ces années, je n'avais jamais réalisé ce que j'avais demandé. Pourtant, à chaque fois que j'utilisais une sphère, je la nommais mais on dirait bien que je n'étais pas encore prête à entendre.

Dès que cette prise de conscience a été acceptée, je me suis installée et là, j'ai demandé aux Spécialistes d'Atlantide de se présenter et j'ai fait le choix de manifester une sphère de guérison pour le corps physique dont j'ai pris le temps de bien spécifier tout ce que je souhaitais qu'elle contienne. À la suite de cette manifestation, je l'ai expérimentée et j'ai ressenti dans mon corps physique beaucoup de libérations notamment au niveau de mon système respiratoire. C'est la partie la plus sollicitée de tout mon corps physique puisqu'elle est directement reliée à mon verbe et mes pensées. J'étais stupéfaite car vous devez savoir que je n'ai pas souvent ressenti directement dans mon corps physique les bienfaits de tous les outils énergétiques. J'ai si souvent dit que je ne voyais rien, ne ressentais rien et n'entendais rien non plus, puisque j'ai la clairconnaissance.

C'était la vie de tous les jours qui me démontrait les résultats de l'utilisation des outils énergétiques. Vous pouvez imaginer que cette prise de conscience a eu un impact aussi grand que celle des sphères de guérison émotionnelle. J'ai eu beaucoup de libérations, d'acceptation et de reconnaissance à faire pour remettre au point zéro, tout ce que j'avais alimenté. Je suis très heureuse d'avoir ces précieux outils énergétiques, car sans eux, il m'aurait fallu des années avant de tout libérer.

Vous êtes la personne la plus importante dans votre vie. Vous devez vous donner à vous avant de donner aux autres. Je vous conseille également de ne jamais offrir le cadeau que vous rêveriez de recevoir. Premièrement, vous risquez de ne pas vraiment faire plaisir à la personne qui recevra ce cadeau et deuxièmement, vous risquez d'être déçu de voir la tête qu'elle fera lorsqu'elle le déballera.

Je vous parle de cela, car combien de fois, avez-vous ressenti un vide à l'intérieur de vous? Combien de fois avez-vous cru qu'en trouvant un amoureux ou une amoureuse, que ce vide serait comblé? Si vous y réfléchissez bien, les premiers temps, vous êtes sur votre petit nuage mais très rapidement, cet espace vide en vous revient rapidement. D'autres personnes vont plutôt manger pour combler ce vide et d'autres vont pratiquer du sport de façon excessive. En bout de ligne, tout ce que vous devez savoir c'est que vous êtes vide de vous-mêmes.

Si vous souhaitez expérimenter cette nouvelle notion, rendez-vous immédiatement à la page : 145, exercice #2.

Bonne découverte! Libération de l'impact de mes paroles et mes pensées

Les croyances et expressions à transformer

Ceci m'amène à vous parler des nombreuses croyances qui vibrent en vous depuis l'enfance sans même que vous en soyez conscient. Débutons par tout ce qui est relié à l'argent. Qu'avez- vous entendu à ce sujet quand vous étiez petit? Qu'il faut travailler dur pour y arriver? Qu'il faut économiser l'argent pour les temps difficiles? Que pour devenir quelqu'un tu dois avoir beaucoup d'argent? Que l'argent c'est sale et que les riches n'ont pas de coeur? Juste à lire ces questionnements, est-ce qu'il y a quelque chose à quoi vous répondez encore aujourd'hui? L'argent est une énergie comme une autre. Est-ce que vous associez votre propre valeur au montant qui se trouve dans votre compte bancaire? Sincèrement, j'espère que vous avez compris qu'il n'y aura jamais suffisamment d'argent sur terre pour vous acheter. Je vous le redis, vous êtes inestimable.

Combien de fois avez-vous entendu vos parents ou votre famille vous dire que certaines choses ne se disent pas ou ne se font pas? Si vous y pensez bien, beaucoup de sujets étaient tabous et l'origine provenait de l'enseignement religieux. Aujourd'hui, ces mêmes sujets sont souvent une source de refoulement émotionnel car vous avez acheté la croyance qu'on ne peut pas en discuter. La question est : « êtes-vous encore un petit enfant qui se doit d'écouter et faire tout ce que ses parents lui demandent osez-vous vous exprimer et vous positionner? »

Trop souvent la croyance qu'il faut baisser les yeux devant l'autorité ou devant une personne avec un statut social reconnu fait encore partie des croyances de l'enfance. En baissant vos yeux, vous acceptez que la personne en face de vous soit plus importante et qu'elle a plus de valeur que vous-même Je vous suggère de revoir cette croyance, car plus vous regarderez les personnes dans les yeux et plus vous réaliserez que tout comme vous, ce sont juste des êtres humains qui ont fait des choix différents des vôtres. Au début ça ne sera pas facile, car souvenez-vous que nous sommes bien dans nos vieilles chaussures mais l'estime et la confiance en vous augmenteront jour après jour.

Combien de fois vous a-t-on dit de ne pas déranger les autres, que vous étiez capable de vous en sortir tout seul? Si vous avez entendu ces paroles à maintes reprises, alors il ne sera vraiment pas facile pour vous d'oser appeler quelqu'un pour avoir un petit coup de pouce pour vous aider. Savez-vous qu'un petit conseil de rien du tout peut très souvent tout changer? Oser appeler la personne qui vous vient en tête, car votre intuition est toujours très juste.

Que dire de tout ce que vous avez engrammé concernant la peur de décevoir vos parents? Je vous suggère de dresser la liste de tout ce que vous faites par obligation et non pas par plaisir, simplement parce que vos parents vous ont répété : « surtout ne nous déçois pas! ». Vous pouvez encore sentir cette peur qui se manifestait chaque que vous osiez aller dans une autre direction que celle empruntée par vos parents? Si vous avez suivi votre propre voie tout en alimentant la peur de les décevoir, vous n'avez certainement pas réussi et vous avez donné une autre occasion à vos parents de vous dire : « on t'avait pourtant prévenu de ne pas faire ceci ou cela! ». Il est tellement important de vous faire confiance. Si une idée contraire à celle de vos parents tourne en boucle dans pensées, elle vous montre assurément ce que vous devez faire. En revanche, vous devez vibrer la confiance et la foi tout au long de votre projet et les résultats seront phénoménaux.

Savez-vous qu'une femme dont la mère et la grand-mère ont souffert d'une maladie identique à peu près au même âge, aura tendance à appréhender d'attraper cette maladie quand elle approchera de cet âge? Souvenez-vous que nous avons un verbe et une pensée très créatifs. Dès que l'appréhension ou la peur d'avoir la même maladie se manifeste, alors vous pouvez être persuadé que cela se produira. Donc, si vous êtes aux prises avec une famille qui continuellement répète les mêmes conversations du genre : « est-ce que tu réalises que tu vas bientôt avoir tel âge et que maman et grand-maman... ». Je vous demande de mettre un stop à ces conversations et de leur dire que vous n'êtes ni votre mère ni votre grand-mère et que vous mettez un point final à ces schémas répétitifs de maladie qui se transmettaient de génération en génération. Que vous êtes en santé et heureux de l'être. Encore une fois lâchez prise et n'alimentez plus cette croyance.

Voici des expressions à remplacer. Lorsque vous dites :

Ça me gonfle! Résultat à venir : prise de poids et ballonnements.

À remplacer par : **ça me rend milliardaire**.

Ça me prend la tête! Résultat à venir : serrement et mal de tête. À remplacer par : **ça me rend milliardaire**.

Je ne peux pas digérer telle personne! Résultat à venir : problème digestif.

À remplacer par : **la relation avec cette personne n'est vraiment pas facile pour moi**. Ça va coûter un bras. Résultat à venir : mal de bras.

À remplacer par : **ça va coûter très cher**.

C'est difficile de ne pas dire ceci ou cela. Résultat à venir : difficulté dans la vie.

À remplacer par : **ce n'est vraiment pas facile de dire ceci ou cela**.

Je vous invite à utiliser le mot facile sous toutes ses formes telles que: plus facile, moins facile, très facile ou pas trop facile afin de vous apporter la facilité. Lorsque vous sentez que la colère veut monter, je vous suggère également de rire aux éclats et vous ressentirez rapidement votre humeur se transformer.

Si vous souhaitez expérimenter cette nouvelle notion, rendez-vous immédiatement à la page : 146, exercice #3.

Bonne découverte! Se libérer des croyances limitatives

La communication avec son corps physique

Maintenant que vous comprenez mieux en quoi consiste la responsabilité divine, je souhaite vous aider à assimiler cette notion fondamentale en la bonifiant. Je vais vous enseigner comment l'intégrer en apprenant à parler efficacement à votre corps physique. Oui, oui, vous avez bien lu! Cela peut sembler surprenant car pouvez-vous vraiment concevoir le fait de vous adresser verbalement à une partie de votre corps?

Je peux vous dire que cela m'a demandé énormément de détermination avant de choisir de le faire et croyez-moi, la première fois que cela s'est produit, j'ai pris le temps de m'assurer que personne ne pouvait ni me voir, ni m'entendre! Quand j'y repense, je réalise à quel point mon corps aurait apprécié que j'aie ce dialogue guérisseur avec lui bien avant. Cette pratique, que je qualifie de miraculeuse, m'aurait évité de vivre une panoplie de douleurs au quotidien qui semblaient s'y être installées de façon permanente.

Je vous affirme donc, haut et fort, que cette nouvelle habitude changera votre santé et votre vie pour le mieux. Rappelez-vous que votre corps vous donnera toujours raison. Exactement comme vous venez de l'apprendre dans le chapitre précédent, celui-ci est assidûment à l'écoute de tout ce que vous dites, faites et pensez. Il vous fait confiance et ne se demande jamais si ce qu'il vous offre comme état de santé est pour votre plus grand bien ou non. Il exécute seulement vos ordres conscients et trop souvent inconscients dans la plus grande des neutralités.

Vous comprenez maintenant que les gens deviennent malades car ils alimentent des sources très destructives. En même temps, ce qui est le plus extraordinaire dans toute l'histoire de la vie est le fait que tout peut se transformer entièrement et facilement. Je vous le répète, la fatalité n'existe que dans la croyance de l'homme et non pas dans la réalité du pouvoir créateur de l'être humain.

Voici le récit de ma première expérience concrète avec cette méthode sacrée et révolutionnaire! Je me suis cassée un orteil lors d'un voyage initiatique en Tunisie où l'orgueil avait pris le dessus sur moi. Deux années ont passé et j'avais cette petite bosse qui demeurait bien voyante sur mon orteil. Dès que je mettais des chaussures fermées, mon pied s'engourdissait. Ce n'était pas très agréable et j'en avais assez de ressentir cette sensation. Un jour, je me suis enfin décidée à m'adresser à mon orteil. J'ai bien regardé autour de moi pour m'assurer que personne ne pouvait m'entendre ou me voir parler à mon corps.

Voici ce que je lui ai mentionné : « je m'adresse à toi mon orteil, je suis vraiment consciente que je suis très orgueilleuse et ce n'est plus nécessaire pour moi que tu me fasses souffrir car j'ai bien reçu tes messages ». Croyez-le ou non, la petite bosse qui était présente depuis deux ans s'est soudainement mise à dégonfler devant mes yeux. C'était vraiment impressionnant!

J'ai tout de même dû lui reparler à quelques reprises pour que la bosse disparaisse entièrement car ce n'était pas si évident pour moi de cesser de faire les choses par orgueil. Vous aurez compris que lorsque vous avez un problème avec les orteils, c'est l'orgueil qui est très présent en vous.

À la suite de cette expérience révélatrice, j'ai commencé à prendre conscience de tout ce qui n'allait pas dans mon corps physique. Dès que je trouvais la source d'un dysfonctionnement quelconque, les douleurs disparaissaient comme par enchantement.

Le plus important pour vivre une telle guérison est de trouver la Source initiale de vos maux. C'est aussi ce qui est le moins facile à découvrir. Vos douleurs persisteront jusqu'à ce que vous y parveniez. Il est important de comprendre que votre corps vous a toujours entendu et il a répondu à chacune de vos paroles, gestes et pensées. La loi de cause à effet a toujours été en action dans votre corps et dans votre vie. Plus vous prenez conscience de cette loi et plus elle se manifeste rapidement. Il est important d'être honnête envers soi, car vous ne pouvez pas mentir à votre corps physique.

De façon naturelle mais inconsciente, le rôle du sauveur est bel et bien au rendez-vous. Combien de fois dans une journée, vous pensez à vos enfants, à vos amis ou à vos parents et combien de fois, vous créez des scénarios dans votre tête à savoir ce que vous pourriez faire pour les aider? Combien de fois vous avez dit oui quand votre coeur disait non? Ce sont tous des points à regarder avec beaucoup d'intérêt. Combien de fois avez-vous aidé une personne en particulier et lorsque vous avez eu vraiment besoin d'elle, elle a répondu oui et avec plaisir? Probablement pas souvent ou même jamais. Je suis presque certaine que vous vous êtes dit que c'était la dernière fois que vous lui rendiez service, que c'était terminé! Que s'est-il passé lorsqu'elle vous a demandé à nouveau? Eh oui, vous avez dit oui sans même vous souvenir de ces paroles auxquelles vous aviez pensé ou probablement dites à voix haute : « c'était la dernière fois...! ».

Vous savez ce qui risque de se produire dans votre corps physique? Une bonne douleur au niveau des omoplates. C'est un bel exemple de trahison envers soi-même. Si cela vous arrive, je vous suggère grandement de le dire à votre corps physique et d'utiliser les outils énergétiques pour vous en libérer rapidement.

Je me suis souvent demandé comment trouver la source initiale d'une problématique, car je savais qu'en trouvant la source, la douleur partirait. Parfois, nous sommes convaincus que nous connaissons la source et même en utilisant les outils, cela ne fonctionne pas. Je vous raconte une expérience pour vous faire comprendre la source initiale.

À 15 ans, j'étais partie en voiture avec mon copain et une fille avec qui je faisais un échange bilingue. Tout allait bien et quelques instants plus tard, nous avons eu un accident à une intersection. Il y a eu plus de peur que de mal mais le choc avait été tout de même important.

Les années ont passé, et après avoir reçu mon permis de conduire, lorsque j'étais au volant, tout était parfait. Dès que je devais m'asseoir sur le siège du passager ou en arrière, je stressais énormément. Je devais absolument avoir les yeux sur la route. Je regardais de côté très rapidement et je remettais mon regard droit devant. J'ai fait de nombreux soins pour me libérer de cette peur qui m'habitait. Je pense avoir travaillé sur cette source qui était l'accident de mes 15 ans pendant environ 30 ans. Un jour, alors que j'étais en France, j'ai appelé une collègue qui pratiquait une technique d'hypnose et je lui ai demandé si nous pouvions faire une séance. Elle a utilisé un crayon que je devais suivre du regard pendant environ 1 minute. Par la suite, elle m'a fait fermer les yeux et m'a demandé quelle était la source de ce mal être dans la voiture. À ma grande surprise, ce qui est venu à ma conscience, c'était l'accident que ma sœur avait eu lorsque j'étais âgée d'environ dix ans. Dès lors, je n'ai plus eu peur en voiture. Je n'avais plus besoin de regarder la route non plus. Pourtant, j'avais vraiment cru que je travaillais la bonne source.

Ne perdez pas autant d'années que moi. Si vous parlez à votre corps et qu'il ne se libère pas d'une douleur, alors creusez plus loin dans vos souvenirs pour trouver la bonne source.

Comme vous le savez déjà, on ne peut pas demander à notre corps de retrouver ou de maintenir la santé parfaite si nos paroles et nos pensées vont dans une direction inverse. La constance et la conscience sont très importantes si vous souhaitez obtenir des résultats qui perdureront dans le temps. Vous ne pouvez pas duper votre corps physique. Rappelez-vous, il répond simplement présent à tout ce que vous dites et pensez. Faites-en l'expérience en conscience et vous verrez rapidement l'intelligence suprême de votre corps en action. Grâce à cet amour que vous lui portez, vous expérimenterez de beaux et grands résultats qui iront bien au-delà de ce que vous auriez pu espérer.

Si vous souhaitez expérimenter cette nouvelle notion, rendez-vous immédiatement à la page : 147, exercice #4.

Bonne découverte! Apprendre à parler à son corps physique

Redescendre les personnes de leur piédestal

J'ai accueilli des personnes en soin et en formation qui étaient âgées de plus de 80 ans. J'étais tellement heureuse dans mon cœur. Ces personnes avaient la Foi en elles et ressentaient dans leur corps physique le bienfait des outils énergétiques. Cela me fascinait vraiment. J'avais deux belles dames qui me faisaient rire, car dans les premières années d'enseignement, le Maître Saint Germain était presque toujours présent et pour le rendre plus accessible à tous, je le nommais, mon oncle.

Lorsque ces deux dames souhaitaient recevoir une réponse, elles me disaient à chaque fois :

« Madame Isabelle, pouvez-vous demander à votre oncle si… ». Je souriais chaque fois, car le but était que tout le monde puisse le considérer comme un oncle ou un tonton. Cela semblait tellement plus facile d'accès que de voir ce bel être de lumière sur un piédestal. Cela faisait en sorte que les gens se sentaient moins importants que lui et c'est bien la dernière chose que les guides souhaitent voir se produire.

Ces beaux guides, car ils ont tous une Rayonnance de lumière tellement magnifique à voir, savent très bien que c'est nous les humains qui avons le corps physique avec les limitations que nous avons choisies d'alimenter. Ils souhaitent que nous puissions nous regarder avec tellement d'amour, de reconnaissance et de fierté pour chaque pas que nous avons marché sur cette terre et ne jamais les considérer plus importants que nous. Cela m'amène à vous parler de toutes ces personnes qui gravitent autour de vous et dont vous n'arrivez pas à vous sentir à la hauteur. Dès que vous croyez qu'une personne est plus importante que vous, à l'instant même, vous vous diminuez et vous rabaissez.

Pour arriver à reprendre la première place dans sa vie, il est vraiment important de redescendre ces personnes à la hauteur de vos yeux. Elles sont différentes de vous, ont fait des choix différents mais en aucun cas, la comparaison n'est acceptable.

Pour pouvoir vous comparer avec une autre personne, il serait de mise que vous ayez eu exactement la même vie, les mêmes expériences, les mêmes parents, les mêmes expériences karmiques à traverser également. Donc, tout cela pour dire qu'en aucun cas, vous pouvez vous comparer.

Libération de la charge karmique

Je puis vous affirmer que cette présente vie n'est pas nécessairement toujours facile à assumer car avant de nous incarner, nous avons fait le choix de venir réussir là où les incarnations passées de nos âmes ont échoué. Nous avons mis la barre très haut car en réalité c'est notre dernière chance de vivre sur Terre dans cette conscience ultra limitative afin de venir transcender ce qui nous pousse à tomber dans le piège de la poursuite constante de la puissance. C'est en reconnaissant et en acceptant que cette puissance recherchée provient d'une immense illusion créée par le mental dirigeant et contrôlant, que nous aurons l'opportunité de nous sortir définitivement de cet enfermement.

Cela nous amène à la deuxième chose que tous les êtres humains sont venus accomplir sur la Terre, c'est-à-dire libérer la charge karmique de l'âme. Pour réussir à la libérer entièrement, il est important de bien saisir ce que cette notion représente. Vous aurez besoin d'avoir une grande ouverture d'esprit, car encore une fois, cela dépasse l'entendement humain.

Avant de vous expliquer en quoi cela consiste, je vous invite à vous poser la question suivante : comment est-ce possible que vous possédiez des connaissances et un savoir-faire inné en certains domaines sans jamais avoir étudié dans ces matières?

Vous me direz sans doute que ces connaissances proviennent tout simplement d'un héritage transgénérationnel car vos parents sont très habiles de leurs mains par exemple. Mais qu'en est-il lorsque cela n'est pas le cas? Là est la question.

Pour que vous puissiez mieux comprendre ces propos, je crois qu'il serait temps pour moi de revenir un peu plus en détails sur ma mission de vie.

Mon âme avait fait le choix très audacieux d'utiliser les quarante premières années de mon vécu pour venir expérimenter les leçons de vie. Ceci afin que je puisse libérer l'entièreté de sa charge karmique et qu'elle soit remise au point zéro. Il m'a été demandé d'exécuter par moi-même toutes ces libérations en conscience afin que je développe la capacité de l'enseigner aux autres, de façon juste et parfaite. Dans un premier temps, je devais le vivre dans mon propre corps physique pour bien comprendre chacun des enjeux et surtout ne plus vouloir les répéter. Avec le guide de l'incarnation, j'avais fait le choix qu'il se produirait un changement drastique au niveau de mon âme dès que cette étape serait franchie. Nous avions convenu que le jour de mes 40 ans, mon âme retournerait dans les hauts-plans célestes pour laisser la place à cette vieille mais très vieille âme qui ramènerait sur Terre la connaissance des outils énergétiques d'Atlantide et tout ce que cette âme avait expérimenté à travers les différentes incarnations vécues.

Évidemment, je n'avais aucun souvenir de cette mission jusqu'au matin où je me suis éveillée avec une quantité phénoménale de connaissances auxquelles je n'avais pas accès la veille. Du jour au lendemain, je devenais quelqu'un de complètement différent avec, vous vous en doutez bien, un besoin de comprendre ce phénomène paranormal qui venait de se manifester dans ma vie. Comme vous pouvez l'imaginer, il n'existait aucun guide humain pour m'expliquer.

J'ai dû faire en sorte d'arriver à la compréhension par moi-même. Pendant des années, à chaque fois que je vivais une expérience dont je ne comprenais pas la source, mes guides m'avaient enseigné 3 questions bien précises à me poser pour comprendre si cela m'appartenait ou si c'était le retour d'une expérience de vie passée de mon âme.

Voici les 3 questions que je devais me poser à chaque fois, pour comprendre si c'était la loi du retour qui était en action ou si c'était une leçon de vie à libérer :

Est-ce que j'ai dit quelque chose?

Est-ce que j'ai pensé à quelque chose? Est-ce que j'ai fait quelque chose?

Heureusement que ma mémoire était très performante car j'arrivais très facilement à faire le tour dans ma tête des conversations que j'avais eues, des gestes posés et des pensées que j'avais alimentées.

Lorsque cela ne correspondait à rien de précis dans mon vécu, je demandais automatiquement à voir ce qui s'était produit dans les vies passées de mon âme pour que j'aie à vivre cette expérience dans mon moment présent.

À cette époque, ce sont d'ailleurs les seuls moments où j'avais accès à mes dons de perception visuelles et auditives. Les scènes se présentaient à moi exactement comme lorsqu'elles avaient été vécues. J'ai très rapidement réalisé que si j'étais en mesure de voir les êtres qui se trouvaient là, eux aussi pouvaient me voir. J'ai compris que j'avais intérêt à m'adresser à eux avec le plus grand des respects, dans une douceur absolue et sans jamais élever la voix. Disons qu'au début, cette façon d'être et de faire n'était pas facile à intégrer. Je n'avais pas encore acquis la connaissance nécessaire pour savoir comment bien faire les choses. Je peux vous dire que j'ai appris cette notion en accéléré car l'impact que les effets de mes agissements produisaient dans mon quotidien n'était pas très facile à supporter.

Pour bien comprendre une leçon de vie, il est important de vous poser les 3 questions que j'ai mentionnées ci-dessus, car aussi longtemps que vous ne serez pas prêt à vous entendre parler, vous allez créer des situations dans votre vie que vous n'apprécierez certainement pas. Ce qui est également important de savoir, c'est que dans l'énergie tout est reçu au premier plan, donc même si vous dites que ce n'était pas sérieux, que c'était une blague alors vous recevrez également le retour. Alors, autant faire des blagues qui vous permettront de recevoir de belles et grandes surprises!

Il y a aussi cette expression que j'ai entendue à maintes reprises : « j'efface ce que je viens de dire ». Vous devez comprendre que malgré votre bonne intention, il est vraiment important que vous soyez très clair et précis sur les mots que vous souhaitez effacer. Demandez à neutraliser les mots véritablement prononcés en les renommant et vous aurez beaucoup plus de résultats concluants.

Il y a de nombreuses leçons de vie différentes et tout comme moi, votre âme a rencontré le guide de l'incarnation qui lui a remis la liste de tout ce qui aurait besoin d'être remis au point zéro lors de sa prochaine vie sur terre. Dans les incarnations passées, le nombre maximum de leçons qu'une âme choisissait était de quatre. Elle savait que cela ne serait pas une partie de plaisir de traverser ces expériences car l'initiation concernant une seule leçon peux durer toute une vie avant d'être vraiment comprise et intégrée.

Imaginez une personne qui revient pour libérer les leçons de la violence, du viol, de l'écrasement et de la manipulation génétique. La première expérience qu'elle vivra sera la maladie. Par exemple, cela peut se traduire par une maladie orpheline, une malformation physique ou mentale, des parties qui ne se développeront pas de façon juste et parfaite. La plupart du temps, elle aura choisi une famille où la violence sera présente dès l'enfance et où ses parents la dévaloriseront en lui faisant très souvent ressentir que c'est de sa faute si leur quotidien ne va pas bien. Vous comprenez à présent toute la complexité que la charge karmique amène dans une vie.

Je vous laisse maintenant vous représenter tout ce que j'ai eu à franchir comme étapes afin de réussir à libérer véritablement les 44 leçons de vie en quarante années d'existence!

Cela m'amène à vous parler d'une notion importante. Pour que la Terre puisse retrouver son essence première, certaines âmes avaient fait le choix de s'incarner à nouveau sur Gaïa, en tant que représentants, dès que le cœur de l'homme serait prêt à s'ouvrir à l'amour du soi. Il était entendu que lorsque cela se produirait, ce groupe d'âmes (de représentants) reviendrait pour libérer la charge karmique de leur famille d'âmes, leur généalogie, le collectif avec lequel elles ont évolué de vie en vie.

Cet enseignement vous apportera certainement une nouvelle compréhension bénéfique si votre chemin est parsemé d'expériences dévastatrices qui se produisent les unes après les autres, sans aucun répit.

Ces personnes ont une véritable détermination pour parvenir à apprivoiser ces défis mais elles se sentent vraiment seules et se demandent très souvent ce qu'elles ont bien pu faire de mal pour traverser une vie aussi peu agréable.

Ces personnes sont présentes autour de vous, elles ont besoin de comprendre ce qui les habite, comme j'ai eu à le faire, afin de poursuivre la route de leur mission, tout en gardant le cap sur l'Amour.

Accepter de s'incarner dans leur corps physique et demeurer bien ancrées à la Terre n'est pas évident pour ces personnes. Elles ont tendance à s'enfuir vers d'autres dimensions, d'autres plans vibratoires et souvent certaines parties d'elles-mêmes se retrouvent dans le non-temps « espace vibratoire où le temps n'existe pas ». Cela leur permet temporairement de ne pas ressentir le mal physique, les limitations créées par leur humain et surtout de pouvoir rêvasser en se créant une vie remplie d'illusions.

Cependant, ce que cela apporte comme effets indésirables dans leur corps physique, au retour de cette fuite, est un peu moins facile à endurer. Ça commence par l'arthrose, l'arthrite et peut éventuellement se transformer en fibromyalgie. Il est donc très important de comprendre que nous sommes sur Terre pour profiter pleinement de notre existence, par amour pour soi. Pour ce faire, il est essentiel d'être bien ancré à la Terre en habitant notre corps physique en tout temps.

À ceux et celles à qui cela parlera, dites-vous qu'il n'y a pas de fatalité car fort heureusement, votre corps physique porte l'intelligence suprême. Dès que vous aurez accepté et reconnu véritablement votre responsabilité divine, vous n'aurez qu'à répéter ceci avec sincérité :

« Je m'adresse à toi mon corps physique, je réalise que cela fait très longtemps que j'espère me libérer de cette vie de souffrance émotionnelle. Je reconnais que j'ai très souvent alimenté le fait de vouloir quitter cette Terre pour aller dans un monde meilleur. Je reconnais que je n'ai jamais réalisé que je suis la personne la plus importante dans ma vie et que j'ai pleinement le droit d'exister et d'avoir une place de choix dans ma vie et sur la terre. Mon corps physique, comme j'ai bien reçu tes messages, tu n'as plus besoin de me faire souffrir davantage. »

Vous commencerez immédiatement à sentir les douleurs diminuer. Je vous invite à réaliser que pendant tout ce temps c'est vous qui choisissiez d'alimenter la mort au lieu d'honorer la vie. Reconnaissez et acceptez le fait que vous avez créé cette période de grande souffrance, de malaise et/ou de maladie causée par la loi de cause à effet. Plus vous accepterez et reconnaîtrez à 100% votre responsabilité divine et plus vous retrouverez votre pouvoir créateur de vous aimer et de retrouver votre santé parfaite.

N'allez pas croire que tout est toujours facile. Les croyances, les habitudes et les limitations sont ancrées tellement profondément dans les différentes dimensions du corps holistique que très souvent, l'humain oublie ses nouvelles résolutions.

Après avoir effectué un travail colossal pour bien parler à son corps, à vibrer dans l'amour pendant un bon moment, avoir ressenti un bien-être s'installer en soi, les gens retournent dans leurs vieilles chaussettes. Ils recommencent à alimenter les mêmes schémas de façon consciente et inconsciente et le corps physique retrouve ses douleurs.

Faire la libération karmique, demande une grande connaissance de l'être holistique, car il y a tellement d'espaces, d'endroits, de plans vibratoires et de dimensions à ouvrir pour libérer tout ce qui a été vécu à travers les incarnations passées de votre âme. Je vous propose de regarder le tableau des leçons de vie à la **page #173.** Prenez le temps de noter tout ce que vous avez eu à traverser au cours de votre vie terrestre.

Si vous avez plus de quatre leçons de vie, c'est que vous êtes un représentant. Vous aurez donc besoin d'être accompagné par quelqu'un de compétant pour procéder à cette libération karmique.

Je vous invite à prendre rendez-vous avec moi si besoin. Avant tout, demandez à votre âme si c'est pour votre plus grand bien.

Rendez-vous à l'annexe 1, **page #173** pour avoir plus de détails concernant les leçons de vie de la charge karmique.

Incarner sa divinité dans son humanité

De nombreuses personnes croient qu'elles ont une mission tellement importante qu'elles en oublient d'assumer leur vraie vie d'humain. Il est vraiment important d'arriver à développer ses sens et de comprendre son essence de vie. En même temps, saviez-vous que votre dimension divine est déjà parfaite? Vous n'avez pas besoin de faire des pieds et des mains pour la développer davantage. Vous pouvez simplement faire le choix d'éveiller consciemment votre divinité en l'incarnant dans votre quotidien, dans tout ce que vous faites et êtes. Il est vraiment essentiel que vous appreniez à vibrer votre vie terrestre, bien ancré dans l'action de qui vous êtes.

Par exemple, certaines personnes passent des heures à méditer dans le silence pour trouver la paix intérieure et pourtant se sentent agressées dès qu'il y a du bruit autour d'elles. Elles vont très souvent arrêter d'aller dans les grandes surfaces, n'écouteront plus la télévision, vont s'abstenir de faire énormément de choses car le bruit les dérange. J'aimerais vraiment vous dire qu'elles ont tout à fait raison d'agir de cette façon, mais je ne le ferai pas.

La vérité est que nous vivons sur une Terre où le partage et l'échange font partie intégrante de qui nous sommes et de ce que nous sommes venus expérimenter. Ce n'est certainement pas en nous isolant que nous arriverons à retrouver l'équilibre en toute chose.

J'aimerais d'ailleurs attirer votre attention sur un fait important à propos de cet exemple; si le bruit extérieur vous agresse, je vous invite à prendre conscience que c'est le bruit de vos propres pensées qui vous dérange en réalité.

Si vous souhaitez expérimenter cette nouvelle notion, rendez-vous immédiatement à la page : 153, exercice #5.

Bonne découverte! Apprendre à parler à son humain

L'importance de vivre sa vie au moment présent

Pour comprendre ce que représente vivre dans son moment présent, il faut connaître et comprendre l'impact qu'il y aura si vous êtes soit dans le passé ou dans le futur.

Débutons par le passé. Depuis que vous êtes sur la Terre, vous avez vécu différentes expériences qui vous ont marqué, fragilisé, transformé. Très souvent, ces expériences ont fait en sorte que vous laissiez de côté votre personnalité primitive (celle qui avait été choisie avant votre incarnation) pour vous forger une personnalité secondaire qui, selon vous, correspondait mieux aux attentes de vos parents et de la société.

Je suis prête à parier que cela n'a pas donné de très bons résultats. Comme c'est important de bien comprendre cette notion, voici quelques exemples.

Les parents qui souhaitaient avoir un garçon et qui ont eu une fille, vont faire ressentir à cet enfant, par leurs paroles et leurs gestes, à quel point ils sont déçus. Cette petite fille développera l'orgueil très jeune car elle ressentira le besoin de prouver qu'elle est aussi efficace et forte que si elle avait été un garçon. Elle se démènera pour être reconnue par ses parents mais à chaque fois, ses efforts ne seront pas récompensés.

Pour être aimée et acceptée, elle développera une attitude de « tom boy » dans sa façon de se vêtir. Elle fera énormément de choses qu'elle n'aurait jamais accomplies telles que transporter des caisses très lourdes. Elle travaillera très fort à l'école pour réussir et même après avoir fait tous les efforts du monde, il arrivera toujours une situation où les parents lui feront ressentir qu'elle ne sera jamais le fils qu'ils auraient aimé avoir.

Toute sa vie, cette fille reviendra à la charge, sa féminité sera refoulée et son rapport à l'homme ne sera pas vraiment facile non plus. En fait, jusqu'au dernier jour de vie de ses parents, elle continuera d'espérer les entendre dire un jour qu'ils sont fiers d'elle. À 99% du temps, cela n'arrivera pas à moins d'avoir fait un énorme travail personnel pour accepter et reconnaitre qu'elle est une femme extraordinaire et qu'elle n'a pas à prouver quoi que ce soit pour être aimée. Elle aura passé une grande partie de sa vie à vivre dans le passé car la source initiale était d'être aimée de ses parents. Des problématiques émotionnelles surviendront comme la dépréciation de soi, la dévalorisation de soi et le manque de confiance, de foi et d'amour qui seront présents en elle, jour et nuit.

Vivre dans le futur apporte beaucoup d'anxiété et d'angoisse pour énormément de gens. Ces émotions n'existent pas dans le moment présent. Vivre dans le futur vous empêche de profiter de ces instants avec vos enfants, votre famille et les gens que vous aimez. Comme il n'est pas possible de revenir en arrière, un jour ou l'autre, vous réaliserez que vos enfants ont grandi, que vous ne les connaissez que très peu et vous commencerez à générer de la culpabilité, de la colère et ce sera reparti pour un autre tour d'angoisse et d'anxiété à chaque fois que vous apprendrez qu'ils ont des problèmes.

Vivre dans le moment présent, c'est maximiser le temps que nous avons pour découvrir l'autre qui est devant nous. C'est un temps de partage et d'échange. Votre santé physique, morale et émotionnelle s'en portera beaucoup meux.

Si vous souhaitez expérimenter cette nouvelle notion, rendez-vous immédiatement à la page : 154, exercice #6.

Bonne découverte! Les aimants de son humanité

PREMIERE PARTIE
L'ÎLE D'ATLANTIDE ET SES TRÉSORS

Dans cette partie...

Vous découvrirez à quoi ressemblait l'île d'Atlantide et ses trésors dans sa pureté initiale, bien avant que ne survienne la période de la dualité où tout a été bouleversé et s'est autodétruit.

Voici donc l'histoire de ce peuple extraordinaire qui a su vivre en collectivité, dans une harmonie parfaite, pendant de nombreux siècles.

Chapitre 1:
Initiation à l'île et ses habitants

Saviez-vous que tous ceux et celles qui œuvrent dans le domaine de la science, de la santé et/ou de la recherche en ce moment sur Terre sont porteurs des mémoires d'Atlantide? En effet, cet endroit était une île très particulière où tous les grands génies se rassemblaient pour approfondir leurs recherches, leurs connaissances ou pour créer des appareils destinés à la régénération accélérée du corps physique, des mises à niveau des connaissances et des facultés du cerveau. Ces appareils étaient beaucoup plus sophistiqués que tous ceux que nous retrouvons en ce moment dans nos hôpitaux les mieux équipés.

Pendant très longtemps, les Atlantes étaient des modèles pour toute vie sur Terre. Ils étaient d'une grande générosité envers leur prochain. Ils savaient que tant que l'Amour irradierait le cristal de l'île, tout irait bien pour tout un chacun.

C'est à cette fabuleuse époque qu'ils ont créé les outils énergétiques que j'utilise et enseigne aujourd'hui. Ces Êtres passionnés par la science du corps humain étaient dotés de sens très développés qui leur permettaient de voir avec clarté dans le futur. Cela leur donnait l'opportunité extraordinaire de valider tous les impacts et la justesse de ce qu'ils créaient au moment présent. Imaginez à quel point ce don était précieux!

Le mot d'ordre sur l'île était simple : l'Amour envers soi était la priorité. C'est presque impensable de concevoir que dans ces temps si lointains un peuple incarnait cette connaissance que l'amour se devait de vibrer en eux et pour eux avant de le diriger vers l'autre.

Atlantide, j'y suis allée en méditation tellement souvent. Chaque fois, c'était dans le but de me souvenir de tous ces outils énergétiques. Au tout début, je me demandais le but réel de toutes ces visites. J'étais une personne très terre à terre, qui ne voyais, ne ressentais et n'entendais rien. Vous pouvez imaginer la surprise que j'ai eue lorsque j'ai su que j'étais destinée à enseigner comment travailler avec l'invisible.

Au tout début, lors de mes premières visites en Atlantide, j'avais les yeux qui regardaient partout et j'étais émerveillée tout comme une enfant qui se retrouve dans un Toy's R Us! Il y avait beaucoup de grandes pièces et toutes m'éblouissaient, car j'avais le sentiment d'être enfin de retour à la maison. Je savais à quoi servaient les appareils et je me suis amusée à expérimenter plusieurs d'entre eux. Parfois, j'avais des résultats instantanés et parfois, rien ne se produisait dans mon corps physique.

Vous devez bien vous demander pour quelle raison?

Moi aussi je me suis posé la question et cela m'a pris beaucoup de temps avant de comprendre. Pourtant, la réponse était toute simple. Certains de ces appareils ont été créés à partir de matériaux que nous n'avons pas ici sur la Terre. Mon corps ne pouvait donc pas bien réagir à ces matières non reconnues car cela lui aurait procuré plus de mal que de bien. Lorsque je dis « non reconnu », cela veut simplement dire que ces composantes n'étaient pas issues de la Terre. Comme le corps est doté d'une intelligence beaucoup plus importante que vous pouvez l'imaginer, il possède ses propres modes de protection. En effet, il rejette instantanément tout ce qui n'est pas aligné à son plus grand bien et cela s'exprime de différentes façons.

Ce serait tellement merveilleux si tout le monde avait la capacité de comprendre le fonctionnement du corps physique. Il n'y aurait que des personnes en santé ou du moins, des personnes aptes à utiliser les outils énergétiques pour que le bon fonctionnement de leur corps soit toujours optimal.

Débutons maintenant notre survol de l'île afin de vous permettre de déposer profondément en vous le portrait vibratoire de cet endroit magique. Si vous en ressentez l'élan, je vous invite à demander l'activation des mémoires cellulaires d'Atlantide qui sommeillent en vous dans tout votre être holistique. De cette façon, vous verrez, ressentirez et entendrez ces puissantes fréquences et les connaissances qu'elles portent s'intégrer de plus en plus en conscience, un pas à la fois, dans votre vie de tous les jours.

Lorsque les gens arrivaient sur cette majestueuse île, la première chose qu'ils découvraient était un immense cristal gardé par quatre gardiens. Le rôle de ces derniers était de rayonner d'amour pour eux-mêmes. Grâce à cette activation d'amour de soi, les gardiens transmettaient leur fréquence sacrée au cristal qui lui, alimentait en énergie tout ce dont l'île avait besoin en matière d'électricité. Inspirant, n'est-ce pas!

Les visiteurs accédaient à l'île par bateau et dès leur arrivée, tous devaient se présenter devant le cristal et faire la rencontre des gardiens. Chacun d'entre eux devait poser ses mains et son front sur une facette du cristal pour alimenter et faire un grand nettoyage au niveau de son chakra du 3e œil (ce dernier se trouve entre les sourcils). Ils demeuraient dans cette position quelques instants et par la suite, ils étaient prêts à suivre le guide afin d'aller à la découverte de l'île.

Selon le but de leur présence, certains pouvaient visiter les laboratoires, les appareils très sophistiqués, les locaux des scientifiques ainsi que tout le département de la médecine holistique. La visite prenait plusieurs jours car il y avait beaucoup à découvrir. Certains visiteurs avaient également accès à l'île pour une cure de santé globale, c'est-à-dire pour le cœur, le corps et l'esprit.

Le regard des Atlantes était très perçant et les visiteurs ressentaient souvent qu'ils étaient « scannés » dès qu'ils croisaient leurs yeux. Pourtant, le but réel de ce geste était d'établir un profond contact, d'âme à âme. Leurs vibrations permettaient ainsi d'harmoniser et de tempérer le système nerveux des visiteurs qui se trouvait très souvent perturbé. Cela s'effectuait dans le plus grand des respects et non pour faire de l'ingérence dans leur corps. Grâce à cette intervention remplie de bienveillance, il devenait beaucoup plus facile pour eux de régulariser leur système nerveux autour de la grande sphère bleu électrique. C'était une étape importante afin que la douceur puisse se déposer profondément au cœur de leur être.

Parmi les visiteurs, de futurs étudiants venaient pour être évalués au niveau de leurs sens, leur système nerveux et leur énergie vitale. Vous devez savoir que tout le monde n'avait pas l'opportunité de venir étudier sur l'île et c'est la raison pour laquelle ils devaient passer différents tests. Cela ne ressemblait pas à des évaluations d'écriture ou d'aptitude mais plutôt à des examens pour connaître leur niveau d'adaptabilité dans un nouveau milieu. Étant donné qu'ils avaient fait le choix d'y passer de nombreuses années sans avoir de contact avec leur famille biologique, ces nouveaux étudiants étaient testés et choisis minutieusement. Les Atlantes se faisaient un point d'honneur de s'assurer que le meilleur serait présent pour chacun d'entre eux.

Tout comme pour les étudiants, il est important de comprendre que tous ceux qui vivaient sur l'île soit pour approfondir un domaine, une science ou tout simplement pour enseigner, n'étaient plus en contact avec les membres de leur famille. Vous pourriez penser que c'était triste et qu'ils ont vécu de nombreuses expériences de rejet et d'abandon mais ce n'est pas le cas. C'était leur destin et ils en étaient très fiers et reconnaissants. Ce choix avait été fait en conscience. Lorsqu'un membre de la famille était choisi, c'était aussi réjouissant que s'ils avaient gagné à la loterie. D'ailleurs, les premiers temps passés sur Atlantide étaient destinés à apprendre son fonctionnement car tout était bien différent d'ailleurs.

L'île d'Atlantide était considérée comme un lieu sacré. Elle émanait continuellement une vibration d'amour qui était la source initiale de tout ce qui était conçu et développé dans tous les domaines. C'est pour cela que tout ce qui était dit, pensé ou fait était très précis, puissant et vibrant dans l'absolu. Cela demandait beaucoup d'alignement au niveau du cœur, car les Atlantes savaient très bien que rien ne pouvait être tenu pour acquis. La volonté et la détermination prenaient tout leur sens.

Les Atlantes possédaient des facultés très développées, peu importe le domaine dans lequel ils évoluaient. De nombreux exercices de concentration, de moments de silence, d'écoute et d'observation étaient pratiqués, jour après jour, dans une joie profonde tout autant pour les petits que les grands.

Ils étaient très actifs et tout ce qu'ils faisaient se devait de respecter les 7 Lois universelles qui régissent la terre : la joie, l'amour, le partage, le respect, la vérité, la justice et l'équilibre.

Si vous souhaitez expérimenter cette nouvelle notion, rendez-vous immédiatement à la page : 182, Annexe 2.

Bonne découverte! Les 22 Lois universelles du Multivers

Toutes ces pratiques quotidiennes étaient reconnues pour leurs immenses bienfaits et permettaient aux Atlantes de solliciter leurs sens, leur mobilité et leur émotionnel. Ils vivaient chaque jour comme si c'était le dernier. Dans le parcours qu'ils empruntaient, ils remerciaient sincèrement pour tout ce qui leur étaient donné. La gratitude faisant partie intégrante de leur mode de vie.

Aujourd'hui, ce mot est très peu utilisé. Il est plutôt associé à ceux et celles qui font un parcours d'évolution personnelle et/ou spirituelle et très souvent, ces personnes sont perçues comme étant des illuminées. Pourtant, avoir de la gratitude envers tout ce qui nous est donné sur la Terre, est plus que suffisant pour être reconnaissant envers notre créateur et envers soi-même pour avoir compris et mis en action la science du verbe afin de récolter de très belles semences.

Si vous souhaitez expérimenter cette nouvelle notion, rendez-vous immédiatement à la page : 155, exercice # 8.

Bonne découverte! Faire rayonner la Gratitude dans sa vie

Ils avaient également appris très jeunes à alimenter tout ce qui était beau en eux et autour d'eux. Ceci faisait en sorte de faire vibrer leur cœur de reconnaissance et de fierté pour chacun de leurs accomplissements. L'estime de chaque Atlante était maximisée en tout temps. La vanité et l'égo n'existaient pas en ces temps immémoriaux et heureusement, car ils n'auraient jamais développé et réalisé tout ce qu'ils ont fait.

Chacun avait une manière spéciale de se déplacer sur l'île. De nombreux points d'arrêts étaient prévus. Les personnes se régénéraient de façon tout à fait naturelle soit par les rayons de soleil, la natation, l'exercice et/ou l'alimentation saine. Les gens n'avaient pas besoin d'alcool ou de tabac pour oublier et se calmer car le stress n'était pas présent. Les jus de fruits naturels ainsi que les boissons à base de plantes nourrissaient leur cœur, leur corps et leur esprit.

On retrouvait beaucoup de belles couleurs dans leurs assiettes et manger était un moment de gratitude envers la Source, Dieu, la Vie en toute chose. Quoi de plus merveilleux qu'une assiette qui ouvre l'appétit juste à la regarder! Tous ces aliments qu'ils consommaient étaient très goûteux et nourrissants. L'alimentation était très différente d'aujourd'hui. Ce qu'ils choisissaient de manger était ingéré par pur plaisir et non parce qu'ils avaient faim.

Dans ces temps très anciens, il n'y avait pas de problématique reliée au poids de la personne, ni à la digestion. Le *prāṇa* était leur nourriture première et représentait la vibration de tout ce qui vivait. C'est par la respiration consciente que les Atlantes s'alimentaient tout au long de la journée.

Ces êtres étaient très grands et élancés, même plus grands qu'ici présentement sur la Terre. Leur démarche était remarquable. La tête très droite, les épaules relevées en arrière, le regard doux et dirigé vers l'avant. Un pas ferme et léger à la fois.

L'air que l'on respirait était d'ailleurs très différent car il était purifié en continu par de nombreux cristaux qui étaient disposés de façon bien précise. Vus du ciel, ils formaient une étoile à 12 branches et leur taux vibratoire était très haut.

L'île était immense et une partie de cette surface était destinée à l'agriculture. On y retrouvait des potagers qui donnaient des fruits, des légumes et beaucoup d'herbes différentes.

Une autre grande partie de l'île était à l'état sauvage. Le respect de la nature et des sentiers pédestres leur permettait de se ressourcer et d'humer les nombreuses fragrances qu'offrait la forêt. Ceux et celles qui faisaient le choix d'apprendre l'herboristerie passaient presque tout leur temps dans cet endroit. Ils étudiaient les différentes phases de croissance des plantes et des arbres. La qualité des racines était très importante car elles servaient à fabriquer de nombreuses boissons énergétiques offertes aux visiteurs. Elles étaient très appréciées pour leurs bienfaits et leur saveur unique.

La cueillette des graines était une activité très importante. Elles servaient aux semences dans la Terre et une autre partie de ces graines était destinée à être étudiées dans les laboratoires pour en extraire leur substance première. De nombreuses expériences et études étaient mise en œuvre afin de créer des médicaments aux propriétés naturelles.

Sur cette île aux mille parfums, de très nombreuses espèces de fleurs ornaient également les lieux. L'une d'entre-elles, le coquelicot, était particulièrement précieuse au niveau de son essence. D'un rouge flamboyant, cette petite fleur possédait des propriétés curatives très importantes. C'est à partir de l'extraction de son essence qu'ils ont pu créer un anti-virus très puissant. Ils savaient qu'un jour sur la Terre, ils en auraient besoin. Les chercheurs qui tenteraient de créer ce virus, ne seraient pas alignés avec leur cœur. C'est la raison pour laquelle l'information a été transmise à une humaine qui saurait manifester l'anti-virus énergétique pouvant agir à la source et l'enrayer. De son côté, l'émanation des pétales de la rose blanche permettait de fixer le travail fait dans l'énergie.

Les arbres étaient gigantesques et servaient à protéger l'île des vents qui soufflaient souvent très fort. Tout ce dont les Atlantes avaient besoin pour vivre se trouvait sur cette précieuse île.

Les maisons qu'habitaient les Atlantes servaient essentiellement à dormir. Les repas et les activités se déroulaient dans un seul et même endroit collectif. Ils n'avaient pas besoin de matériel comme nous aujourd'hui.

Lors de mes premières visites, j'aimais expérimenter les appareils, faire des visionnements ou encore m'émerveiller devant les fontaines de lumières multicolores. C'était féérique et magique à la fois pour mon cœur d'enfant!

Maintenant, imaginez ce grand espace où les fontaines de lumière jaillissaient tout autour. Ces fontaines servaient à plusieurs choses et en tout premier lieu, elles représentaient la lumière qui donne la vie à toute chose. Elles n'éclairaient pas dans une seule direction mais bien en explosion continue. Elles étaient alimentées par des pierres précieuses et l'énergie de celles-ci possédaient des propriétés curatives et régénératrices. À partir de ces pierres, plusieurs outils énergétiques ont été conçus.

Lorsque les visiteurs venaient sur l'île, ils passaient beaucoup de temps devant les fontaines de lumière. Ils devaient respecter l'ordre des choses car selon l'âge, le sexe et la grandeur, les bienfaits des fontaines n'avaient pas le même impact. Tous débutaient le parcours au même endroit et les guides les accompagnaient vers celle qui correspondait à leurs besoins spécifiques. Certaines avaient une émanation beaucoup plus consistante et ces dernières permettaient l'intégration de ce qui avait été transmis par les autres. Les enfants étaient particulièrement attirés par celle qui ruisselait d'un bleu aqua très intense. Dès qu'ils l'apercevaient, leurs yeux se mettaient à pétiller.

Ces fontaines avaient également comme fonction d'augmenter la précision des sens. Plus la personne était centrée sur son cœur et plus elle pouvait voir, entendre et ressentir ce qui se passait autour d'elle et ce, dans plusieurs plans vibratoires à la fois. Le processus se faisait tout en douceur et dans le respect de chaque personne qui venait s'abreuver de l'énergie de ces fontaines de lumière.

Si vous souhaitez expérimenter cette nouvelle notion, rendez-vous immédiatement à la page : 156, exercice #9.

Bonne découverte! Les fontaines de lumière

Les Atlantes ne vieillissaient pas rapidement. Vous serez surpris d'apprendre qu'ils demeuraient dans leur corps d'enfant très longtemps. Ils gardaient tous un aspect beaucoup plus jeune et faisaient tout ce qui était nécessaire afin de ne pas endommager leurs cellules. Les parents n'alimentaient jamais le besoin de voir leur bébé grandir non plus. Le moment présent était l'enseignement le plus précieux et chaque seconde était la plus merveilleuse. Ils respiraient en conscience la vie et faisaient en sorte de la faire circuler dans tout leur corps holistique en tout temps.

Vous aurez sûrement déjà remarqué que les journées ne se déroulaient pas de la même façon que pour nous ici sur Terre et en Atlantide. Tous ces moments de pause pour nourrir son âme, son cœur et son esprit remplaçaient les obligations d'aller à l'école ou au travail de façon robotique. Vous pouvez imaginer si tous les humains choisissaient de faire exactement ce qui vibre dans leur cœur sans aucune obligation financière?

Chapitre 2:
Les enfants Atlantes

Dès leur venue au monde, les bébés allaient tous à l'eau et c'était une pure merveille de voir les nouveau-nés ouvrir leurs yeux dans cet espace cristallin. Ils y respiraient naturellement.

Les familles partageaient la même maison avec des chambres individuelles pour les couples. Les enfants dormaient tous ensemble à l'exception des nouveau-nés qui demeuraient dans la chambre de leurs parents aussi longtemps qu'ils étaient allaités.

La première année de vie était très importante en Atlantide et le couple prenait part à toutes les étapes du développement de leur bébé afin que ce dernier puisse bien intégrer la sécurité intérieure, la valorisation de son être, l'encouragement et la place de choix qu'il avait au sein de sa famille. Les parents communiquaient avec le poupon de façon télépathique et verbale. Le développement des sens faisait partie des activités quotidiennes.

C'est dans cette première année de vie qu'ils étaient en mesure de détecter si l'enfant serait plus tactile ou sensitif. Cela permettait aux parents d'amplifier les enseignements reliés à l'aspect le moins présent de façon naturelle chez leur petit. La douceur, l'écoute, le partage, l'expérimentation et la communication faisaient partie d'une éducation saine et ils se faisaient un plaisir de s'y adonner.

La conscience d'amour arrivait au premier plan des valeurs enseignées aux enfants. Ce peuple savait très bien que pour réaliser, créer, manifester ce dont ils avaient besoin pour l'île, tout se devait d'être fait à partir d'une vibration d'amour pour eux et pour tout ce qui les entouraient. Sans cet état d'âme, les résultats auraient été très différents. Peu importe l'âge, tous avaient le même but à atteindre et c'était l'absolu dans tous les niveaux de leur vie.

Parmi les autres valeurs transmises aux enfants, la confiance, la foi, la détermination et le courage en soi étaient très valorisés.

Contrairement à ce qui se passe sur Terre, la pureté, l'innocence et la vulnérabilité de l'enfant Atlante étaient également respectées et alimentées à 100% tout au long de sa vie. Grâce au grand respect de ces vibrations, l'enfant développait sa sécurité intérieure et extérieure durablement.

Leurs sens se décuplaient également très rapidement grâce à leur base qui était très solide et immuable. Les enfants ne se mettaient jamais en danger car ils ressentaient instantanément ce qui était juste de faire ou non. Ils ne manquaient surtout pas d'attention et encore moins d'amour, car comme vous le savez déjà, c'était la base de toute chose sur l'île.

Le rire des enfants était très différent du nôtre car il ne cachait aucune tristesse, peine et/ou colère refoulées. Ce rire était empreint d'un rayonnement qui émanait très loin autour d'eux.

Afin de préserver la sécurité de tous, la communication était très présente dans l'éducation. Que ce soit au niveau du choix des mots ou de la formulation de phrases complètes, les Atlantes utilisaient un vocabulaire très vibrant. La négation ne faisait pas partie de leur façon de parler. Lorsqu'une phrase semblait ambiguë pour l'adulte, ils demandaient tout simplement une précision et les jeunes reformulaient leur phrase. Il n'y avait aucune attente. Les scénarios, que nous nous créons dans notre monde d'aujourd'hui, étaient inexistants à cette époque car en plus des conversations verbales, la télépathie arrivait au premier plan. En communiquant de manière télépathique, il n'y avait pas d'émotion, pas de détour, pas de mensonge. Le message était simple, vrai et précis.

Je me souviens que très souvent, ma fille me parlait et j'entendais autre chose que les mots qui sortaient de sa bouche. Lorsque je lui mentionnais, elle me répondait tout de suite : « Maman, sors de ma tête! ». Cela me faisait rigoler, car elle avait bien compris que ce n'était pas nécessaire de mentir ou d'envelopper ses histoires. J'ai ce lien avec elle depuis très longtemps et cela me fait toujours plaisir lorsque je pense à elle et qu'elle me téléphone dans la minute qui suit.

La précision du langage était très importante pour eux. C'était leur mode de vie et tous connaissaient la loi du retour. En étant très conscient de leurs pensées et paroles, ils connaissaient déjà le résultat final qu'ils allaient obtenir.

Enseigner aux plus jeunes les valeurs fondamentales du cœur avant de leur apprendre à lire ou à écrire était essentiel. Tout comme aujourd'hui, les enfants modélisaient les faits et gestes de leurs parents et/ou des adultes qui les accompagnaient. Il était donc très important pour les Atlantes d'incarner l'exemple de ce qu'ils souhaitaient retrouver chez leurs jeunes.

Dans la première phase de leurs apprentissages, les petits commençaient tous par effectuer des exercices de concentration. Au début, les parents accompagnaient les plus petits. Ils s'installaient devant quelque chose de très beau à l'œil, telle une fleur. L'enfant devait regarder la fleur jusqu'à ce qu'il ressente sa texture, qu'il hume sa fragrance et qu'il fasse partie intégralement de celle-ci. Le temps que cela prenait était différent d'un gamin à l'autre et la comparaison n'avait pas sa place.

Chaque enfant était accueilli dans son unicité et il n'y avait pas de date limite pour y arriver. Cet exercice était vraiment essentiel dans son développement. Cela lui permettait de comprendre comment concentrer l'énergie et la diriger dans une seule direction pour manifester ce qu'il désirait en son cœur.

Dès que l'enfant avait réussi, il devait choisir quelque chose d'encore plus complexe et de fil en aiguille, il arrivait à la parfaite concentration. L'exercice final était avec l'eau. Lorsqu'il arrivait à cette dernière étape, il pouvait ressentir les différents types de poissons, la profondeur de l'eau, les présences en les identifiant avec précision.

Chaque Atlante avait sa propre signature énergétique ainsi qu'une catégorie différente de poissons ou de mammifères marins.

Ceci m'amène à vous faire visiter cette partie idyllique de l'île où les enfants se retrouvaient pour découvrir et profiter des bienfaits de l'eau. La baignade et la natation étaient très présentes dans leur vie. Grâce à celles-ci, ils arrivaient à développer la persévérance et l'endurance. Tous les jeunes étaient très fiers et heureux de faire leur expérience en groupe. Le partage, l'encouragement, l'aide à l'autre était naturel pour chacun d'entre eux.

Dans cette section de l'île, nous pouvions apercevoir des quais flottants à différentes distances de la rive. Certains servaient pour la méditation, d'autres pour plonger, d'autres pour la communication aquatique selon l'étape où ils en étaient dans leur parcours d'apprentissage. Cependant, même les tout-petits utilisaient ceux réservés au plongeon. Le but premier était d'apprendre le lâcher-prise et de stimuler la confiance en soi. Le sourire qu'ils avaient à la sortie de l'eau était un vrai spectacle à voir. Plus les enfants étaient en communion avec l'eau et plus leurs sens se développaient rapidement.

Si vous souhaitez expérimenter cette nouvelle notion, rendez-vous immédiatement à la page : 157, exercice #10.

Bonne découverte! Libération du mental dirigeant et contrôlant

Par la concentration, les enfants se reliaient aux différentes espèces marines et se laissaient glisser dans leur énergie. Au fil du temps, ils devenaient la légèreté, la fluidité et la flexibilité. Cette énergie de déplacement à toute vitesse était le moment le plus attendu, car toutes leurs limitations fondaient comme un cornet de glace au soleil. Beaucoup d'exercices de ce genre étaient expérimentés sur l'île car tous les moyens étaient parfaits pour atteindre leurs objectifs.

La communication avec les mammifères marins était enseignée dès leur jeune âge. Ils devaient apprendre à faire venir à eux, celui dont ils avaient besoin pour descendre dans les profondeurs des fonds-marins. Ils y allaient une étape à la fois. Le développement de la respiration sous l'eau permettait d'oxygéner leur cœur, leur corps et les différentes parties de leurs cerveaux. Tout était matière à l'apprentissage.

Le ressenti de l'environnement sous l'eau apportait toujours plus de précision dans leur déplacement. Ils utilisaient les différents courants chauds ou froids pour se propulser encore plus rapidement vers leur destination prévue, jour après jour. Au fil du temps, leur peau devenait de plus en plus ferme et elle sécrétait une substance graisseuse en fine couche leur permettant de s'adapter à la température de l'eau. Leurs mouvements devenaient également de plus en plus fluides. Il y avait beaucoup de similitudes avec la peau des dauphins.

Ces petits bouts de chou étaient une pure merveille à voir à l'entrainement. Tout était mis en œuvre afin que l'enfant y prenne du plaisir. Les récompenses n'étaient pas des sucreries ou l'obtention d'un jeu vidéo, mais bel et bien la pratique additionnelle de ce que l'enfant préférait accomplir. Pour arriver à ce qu'il soit toujours prêt et heureux d'apprendre, cela demandait d'être à l'écoute de ses besoins réels afin ne pas abuser d'une activité moins facile pour lui. L'apprentissage débutait tout petit et ne se terminait jamais, car tout était source de savoir ou de connaissances. Chacun d'entre eux se devait de développer l'ensemble de ses facultés.

La responsabilité de s'occuper des petits ne devenait jamais une obligation pour les plus grands. Je dirais que le plaisir de partager son savoir-faire faisait en sorte qu'une belle vibration de reconnaissance s'intensifiait dans le cœur de celui ou celle qui accompagnait un plus jeune. Ce travail d'équipe et l'écoute sincère envers tout un chacun se faisaient de façon tout à fait naturelle et ce, sans jamais ressentir cette notion de pouvoir ou de domination.

La partie la plus amusante pour les petits était celle où ils assistaient à la manifestation des outils énergétiques. Lorsque le processus de manifestation était terminé, cela ressemblait à un véritable feu d'artifices en émanation de lumière. Ils attendaient tous ce moment avec joie, car cela voulait dire que la création avait réussi.

Certains des tout-petits avaient comme tâche de se promener à travers les jardins pour s'émerveiller devant leur beauté. Tout ce qui leur était demandé leur permettait de se développer à tous les niveaux : physique, psychologique et émotionnel. Les activités proposées étaient toujours une source de joie profonde. Certains demeuraient quelques minutes et d'autres y passaient des heures, non pas par obligation mais par plaisir tout simplement. Il y avait beaucoup de vie sur l'île.

Ces jeunes sortaient et jouaient beaucoup à l'extérieur. Tous les jeux favorisaient le développement de leurs facultés, leur mobilité, leur souplesse et leur dextérité.

Je vous amène maintenant vers une autre section bien précise de l'île qui était destinée exclusivement à l'éducation des enfants. On y retrouvait un grand bâtiment dont plusieurs pièces étaient sonorisées. Dès que les jeunes y pénétraient, tout ce qu'ils touchaient émettait un son. Sans ce concept de sonorisation, les sons n'auraient pas tous été audibles. La musique faisait partie intégrante de leur formation dès la petite enfance d'où l'importance de ces chambres spécialisées. Il était essentiel que les petits développent leur ouïe physique ainsi que la clairaudience. De nombreux exercices étaient destinés à cet apprentissage.

Plusieurs arbres majestueux ornaient l'endroit dont 3 cocotiers qui aidaient au développement de l'agilité. Les enfants devaient grimper pour aller cueillir des noix de coco. À l'aide d'un fil dont la matière m'est inconnue, ils devaient entourer la noix et tendre ce fil le plus fort possible. Par cette méthode, on tranchait aussi facilement qu'avec un couteau et était beaucoup plus sécuritaire pour eux.

L'immeuble était également destiné à l'apprentissage de la précision. Celui-ci amenait à un environnement plus cadré et mieux adapté au développement de la concentration. Ce qui était vraiment magnifique à voir était l'arc-en-ciel qui se manifestait entre les cœurs des enfants. C'était leur façon de se dire bonjour le matin. Les bienfaits de chaque rayon nourrissaient leurs corps subtiles et garantissaient une énergie très haute ainsi qu'un corps en santé parfaite. Un grand potager se trouvait à gauche de la bâtisse et les enfants apprenaient toutes les étapes pour obtenir des fruits, des légumes, des herbes aromatiques très hauts en vibration. Chaque étape était sacrée, car tout était précieux lorsqu'il s'agissait de nourriture, d'eau, de vie ou des valeurs du cœur.

On leur apprenait à aimer chaque petite feuille, tige, racine, fleur, fruit et légume. Plus ils émanaient l'amour et plus ils devenaient émerveillés devant autant d'abondance. Ils expérimentaient également ce qui se produisait lorsque leur conscience n'était pas alignée sur le rayonnement d'amour. Je n'ai pas besoin de spécifier qu'ils comprenaient la résultante immédiatement. Ce qui émanait d'un fruit sans rayonnement d'amour n'avait pas la même saveur, le même éclat et encore moins la même taille. Ils connaissaient tous l'importance de leur participation au sein des potagers et ils ne manquaient pas d'y apporter leur contribution d'amour.

La méditation faisait également partie de leur éducation. Le cœur, le corps et l'esprit se devaient d'être en parfaite symbiose avant l'âge de l'adolescence. C'était vraiment très agréable d'observer les enfants s'adonner à cette pratique quotidienne. Contrairement à aujourd'hui dans nos écoles, tout était adapté pour eux. Ils étaient très heureux d'apprendre car tout ce qui les entourait émanait l'amour.

Un temple extérieur non couvert avec de grosses colonnes en marbre était dédié à la gratitude et aux remerciements pour tout ce qui leur était donné. Ce temple se trouvait tout près du bâtiment des enfants. Plusieurs fois par jour, des gens s'y rendaient. Ce temps de rassemblement faisait également partie de leur éducation. L'état de grâce émanait constamment de ces êtres.

Les matières premières jouaient également un rôle important sur l'île au niveau de l'éducation. Ils utilisaient la terre et ses composants pour développer le toucher et l'odorat. Cela créait des nouvelles matières en combinant certains éléments qui perdureraient dans le temps.

L'éducation Atlante était très rigoureuse et ce, pour une raison très précise. Ils se devaient tous d'atteindre cet espace en eux où l'absolu vibrerait constamment que ce soit au niveau de la confiance, du ressenti, de la vision, de l'ouïe ou de la foi. La conscience des jeunes Atlantes était beaucoup plus développée que celle de nos jeunes d'aujourd'hui.

Toutes les questions des enfants trouvaient une réponse claire, nette et précise dans l'instant présent. Les adultes transmettaient ainsi la connaissance et c'était avec beaucoup de précision qu'ils répondaient en s'assurant que le jeune avait bien compris avant de passer à une nouvelle notion. Lorsqu'une question concernait un procédé, en plus des explications, ils prenaient le temps d'offrir une démonstration physique afin que le jeune puisse bien intégrer les réponses reçues tant au niveau de la mémoire visuelle qu'auditive. Il n'y avait aucune limite à ce que les jeunes pouvaient apprendre si cela était cher à leur cœur.

À la suite de chaque exercice, ils prenaient un temps d'assimilation. Ils se remémoraient leurs découvertes pour bien les imprégner dans leur mémoire à court et à long terme. Ils devaient refaire les mêmes travaux aussi longtemps que leur corps le demandait. Un procédé d'intégration à la mémoire cellulaire devait se faire jusqu'à ce qu'ils ressentent que chaque étape était bien inscrite au cœur du noyau cellulaire. Par la suite, ils allaient valider avec les Spécialistes des mémoires cellulaires afin de s'assurer que tout était bien en place. Ces derniers utilisaient un appareil sonore qui détectait la différence entre un noyau saturé et un noyau incomplet.

Je vous ai déjà expliqué que la première chose enseignée aux enfants était la concentration. Les Atlantes connaissaient très bien la loi du retour. Comme cela s'avérait très important pour eux, ils n'hésitaient jamais à donner à leurs enfants le meilleur qui soit. La patience se voulait pour eux un principe divin. Cette vibration très puissante leur permettait de demeurer bien centrés dans ce qu'ils accomplissaient au moment présent.

Quand je regardais les jeunes Atlantes faire leurs expériences de concentration, cela semblait tellement facile! Ce n'était pas du tout le cas pour moi. Ils s'installaient régulièrement devant un tableau blanc et le fixait pendant environ 3 minutes, les yeux ouverts. Par la suite, ils fermaient les yeux et pouvaient demeurer ainsi durant environ 15 à 30 minutes. Lorsqu'ils réouvraient les yeux à nouveau, leur regard brillant et tout leur corps semblaient émaner un rayonnement très paisible. Grâce à cette pratique, leurs idées créatrices devenaient très claires et précises. Ils les notaient afin de s'en souvenir lors de leurs prochaines expériences.

Les jeunes appréciaient également les moments de partage avec les visiteurs car ils avaient l'opportunité de découvrir la vie en dehors de l'île. Seulement quelques Atlantes étaient autorisés à en sortir car le taux vibratoire, la façon de vivre et les lois de l'homme ne correspondaient pas du tout aux lois universelles et à l'énergie qui se trouvaient sur l'île. De nos jours, nous dirions que nous ne vivons pas sur la même planète. C'était vraiment un monde à part à cette époque.

Chapitre 3:
Étudier et travailler en Atlantide

Sur l'île d'Atlantide, on retrouvait de nombreux bâtiments à plusieurs étages et d'immenses gratte-ciel. Beaucoup d'entre eux se destinaient à la compréhension de la santé holistique du corps humain, aux études et pratiques ainsi qu'à la recherche.

De tous les édifices que l'on retrouvait sur l'île, le pavillon des connaissances était mon préféré. C'est à cet endroit que débutait l'apprentissage des étudiants et ce, peu importe le domaine dans lequel ils souhaitaient s'instruire. Dans ce pavillon, le programme de formation octroyait une grande place au développement des sens par la concentration, par l'expérience et par le silence.

De l'autre côté se trouvait la grande sphère bleu électrique où les Atlantes se rendaient afin de regénérer les systèmes électriques de leur systèmes nerveux et de leurs cerveaux.

Saviez-vous que les élèves franchissaient chacune des étapes de leur parcours à une vitesse plus qu'appréciable? Il n'y avait aucune place pour l'autosabotage dans ce processus. Les fondements de l'éducation étaient totalement axés sur la valorisation de soi, l'accomplissement et la réussite. Chaque personne avait son propre programme et en aucun temps la comparaison était au rendez-vous.

Le but à atteindre était le même, c'est-à-dire la connaissance de l'entièreté de la constitution d'un être humain au niveau physique, psychique, psychologique, esprit, énergétique, émotionnel et ce, dans tous les plans de la conscience, de l'inconscient et de la supraconscience.

Lorsque je vous parle de vitesse d'accomplissement, cela signifie tout simplement qu'à l'intérieur d'une année terrestre, les étudiants arrivaient pratiquement tous à la maîtrise d'un domaine. La maîtrise consistait à connaître parfaitement les associations et le fonctionnement spécifique de cette spécialité soit au niveau physique ou énergétique. Dès que ces connaissances étaient intégrées, l'élève recevait l'autorisation de passer à un niveau supérieur.

Sur l'île, chacun jouait un rôle important. Il n'y avait pas d'échelle hiérarchique et tous avaient la possibilité de choisir leur métier et ce, en harmonie parfaite avec les désirs de leur cœur. L'apprentissage se déroulait sur plusieurs années. Il n'y avait pas de course contre la montre. Chacun prenait le temps nécessaire afin d'être en communion et atteindre la compétence nécessaire à l'exercice de son futur travail quotidien.

Tous les Atlantes avaient la possibilité de devenir médecin si tel était leur désir profond car chacun se devait d'apprendre la constitution du corps holistique. Ils savaient très bien que tout est interrelié et que le corps physique et l'aspect énergétique étaient indissociables. C'est la raison pour laquelle ils s'intéressaient à la médecine des plantes et qu'ils manifestaient les outils énergétiques. Ils traitaient en simultané le physique et l'énergétique. L'équilibre en toute chose était primordial pour eux et ils se faisaient un devoir de le respecter.

De leur point de vue, la notion d'exigence était tout à fait naturelle, car ils connaissaient l'impact. C'était simplement une façon évidente de vivre. Sincèrement, je crois que nous argumenterions à longueur de journée si on nous demandait de mettre en pratique cette manière exigeante de vivre, jour après jour.

Il y avait ceux et celles dont les capacités extra-sensorielles se développaient toutes au même rythme, que ce soit la vue, l'ouïe, le senti, l'odorat et le goûter. Pour d'autres, cela se passait de façon totalement différente. Par exemple, certains débutaient par l'ouverture de la clairvoyance ou la clairconnaissance. Les Atlantes avaient tous un registre contenant leur évolution. Lorsqu'ils arrivaient à un certain niveau, ils avaient l'opportunité de faire un premier choix de carrière.

Par la suite, lorsqu'ils avaient suffisamment expérimenté un domaine en particulier, il leur était possible de choisir entre poursuivre dans cette voie ou changer de trajectoire. Tout était permis et sans obligation. Le choix revenait toujours à l'individu et non à sa famille.

Comme vous le savez, les enfants travaillaient dès leur plus jeune âge. Souvenez-vous que travailler pour eux n'avait pas du tout le même sens que pour nous aujourd'hui. Par exemple, les enfants discutaient avec les plantes et les fleurs afin de découvrir leurs propriétés curatives. Ces enfants avaient une ouïe très développée. Ils transmettaient ces informations à ceux qui manifestaient les outils énergétiques ainsi qu'à ceux qui concevaient les élixirs, les baumes, les crèmes, les huiles, les médicaments, enfin tout ce qui servait à la médecine.

Les femmes et les hommes avaient le droit d'exercer tous les métiers souhaités. Le sexe de la personne n'était aucunement un enjeu pour ce peuple. D'ailleurs, pour certains métiers il était même plus facile pour le groupe d'y inclure autant de femmes que d'hommes. La septième loi universelle d'équilibre vibrait très fort en Atlantide.

Dans un autre édifice, se trouvaient les mémoires passées et futures de l'humanité. À partir de ces mémoires, les Atlantes fabriquaient les appareils dont l'humanité aurait besoin pour amener le corps physique dans une guérison de niveau « trois ». Ceux-ci consistaient à prendre en compte la mécanique naturelle du corps physique. Le niveau « deux », de son côté, permettait d'amener la guérison du corps physique tout en combinant la compréhension de la source des disfonctionnements. Enfin, le niveau « un » visait à reconnaitre l'intelligence suprême du corps physique combinée à la compréhension de la dimension émotionnelle, de façon consciente afin que l'autoguérison se produise rapidement.

Il est important de comprendre qu'au niveau « un », lorsque je vous parle d'autoguérison, cela ne veut pas dire que le rétablissement avait lieu dans la même seconde, puisque plusieurs prises de conscience sont nécessaires pour y parvenir.

Par exemple, la reconnaissance émotionnelle de tous les mots et les pensées qui ont amené le corps dans cet état doit être prise en considération. Rappelez-vous que tout part de soi et tout revient à soi. Nous sommes venus expérimenter sur la Terre la loi de cause à effet. Elle s'applique à tous, sans aucune exception.

Les Atlantes ont inventé l'intelligence artificielle du futur. C'est à partir de cette intelligence qu'ils ont créé les différents appareils médicaux dont certains se trouvent présentement sur la Terre. Cependant, ils en ont inventé qui sont beaucoup plus sophistiqués et les chercheurs et inventeurs présents sur la Terre ont besoin de faire ce retour à soi, à l'amour de soi, au respect de soi et d'autrui, à la vérité du cœur pour avoir accès à toutes ces informations. Ce n'est pas demain la veille car l'humanité est en ouverture de conscience. S'ils inventent ces appareils, cela voudra dire qu'une grande partie de l'humanité aura fait un retour vers soi et auront acquis leur pouvoir créateur de guérison. Ce sera la façon la plus concrète que nous aurons, concernant la puissance d'amour des outils énergétiques d'Atlantide.

J'avoue que les grands immeubles où étaient disposés les appareils de régénération cellulaire et moléculaire me fascinent énormément. J'y suis allée à maintes reprises et à chaque fois, j'étais initiée à de nouvelles expériences. À ces moments, mon cœur et mes yeux s'ouvraient grands à tout ce qui m'était présenté car cela dépassait l'entendement de mon humain.

Au tout début, je me disais que j'avais vraiment beaucoup d'imagination pour faire d'aussi beaux voyages dans mes pensées. Je croyais que ce temps que je prenais pour explorer était ma façon de développer mes sens! Dans cet état de conscience, tout se passait très rapidement et j'avais parfois l'impression d'avoir été en exploration pendant plusieurs heures. Pourtant, je réalisais que seulement 15 ou 20 minutes de notre temps terrestre s'était écoulé.

J'ai tout de même poursuivi ces voyages. Souvent, j'invitais une amie à partir avec moi à la découverte de cette médecine vraiment sophistiquée du passé. J'ai compris plus tard que c'était plutôt celle du futur que je regardais et que j'expérimentais.

Comme je vous l'ai mentionné, les Atlantes étaient très avancés au niveau de la technologie et beaucoup plus que maintenant. La technologie sonore permettait d'entendre les vibrations qu'émettaient un organe, une cellule, un atome. Chaque partie de l'anatomie avait un son distinct et cette technique ouvrait la porte au développement des appareils du futur. À travers cette intelligence artificielle, ils étaient en mesure de savoir tout ce qui se produirait sur la Terre. À partir de ces informations, ils ont commencé à expérimenter différentes matières, ondes, éléments, enfin tout ce dont ils auraient besoin pour la création de la médecine du futur. Ce que vous devez savoir, c'est qu'avant toute chose, ils se devaient d'être en alignement parfait avec la vérité de leur cœur ainsi que dans une neutralité émotionnelle absolue.

Si vous souhaitez expérimenter cette nouvelle notion, rendez-vous immédiatement à la page : 158, exercice #11.

Bonne découverte! Être dans la neutralité absolue, se remettre au point zéro

Vous auriez ressenti beaucoup de plaisir à les regarder faire leurs expériences. Tout était précieux pour eux. Ils manipulaient ce qu'ils allaient utiliser comme s'il s'agissait d'un nouveau-né.

Contrairement à nous les humains, l'impatience n'interférait jamais dans ce qu'ils réalisaient, concrétisaient et/ou manifestaient car le temps n'avait pas d'importance pour eux. Ce qu'ils devaient prendre en considération était leur progression. Parfois, l'expérience n'allait pas dans la bonne direction alors ils recommençaient tout simplement.

Ils prenaient beaucoup de notes visuelles et auditives. Ils n'écrivaient rien car ils possédaient une mémoire photographique. Les éléments qu'ils assemblaient devaient tous vibrer à la même fréquence sonore. Tout comme chaque partie de l'anatomie ou de la physiologie d'ailleurs.

Leur savoir-faire démontrait une maîtrise parfaite de la matière. C'est ce qui a permis de créer les outils énergétiques que j'utilise depuis les 18 dernières années. La conscience de la logique physique et énergétique avait une place très importante pour tous les inventeurs, les chercheurs et les réalisateurs.

Les équipes de travail comptaient beaucoup de membres qui se relayaient continuellement. Les résultats appartenaient au groupe et non pas à une seule personne. Parfois, ils devaient s'arrêter pour échanger sur une problématique et à la suite des partages reçus, ils étaient en mesure de poursuivre en ajoutant les éléments manquants ou en retirant des composants. La logique était très importante pour eux et la compréhension de l'un venait en complément de celle de l'autre.

L'esprit d'équipe formait leur force et leur détermination. Ce qu'ils réalisaient n'était pas pour eux dans le moment présent, car ils avaient déjà tout ce dont ils avaient besoin. Comme mentionné précédemment, ce qu'ils faisaient, développaient et concevaient servirait à l'humanité en devenir.

Retournons dans l'une des pièces sonorisées. En entrant, tous les Atlantes prononçaient leur prénom précédé de « Je Suis ». En se présentant de cette façon, un son spécifique était émis et se faisait entendre pendant plusieurs secondes. Cette sonorité unique avait pour but d'évaluer le développement de leurs capacité extra-sensorielles. Plus le son durait longtemps et plus leurs sens étaient développés. Encore une fois, vous devez vous souvenir qu'il n'y avait aucune compétition.

Chapitre 4:
Les salles de formation

Partons maintenant à la découverte des différentes salles de formation. On retrouvait un édifice qui comptait 5 étages. L'un d'entre eux était dédié aux sens et aux parties de l'anatomie liées à chacun de ces sens.

On pouvait y voir toutes les parties d'un œil, d'un nez, d'une oreille ou de la peau. Tout était disposé dans des bocaux conçus d'une matière se rapprochant du verre mais ce n'en était pas. Ils utilisaient les vibrations de différents cristaux, tel le quartz, en l'amenant à une température très élevée pour en extraire la substance. Ils refermaient ces bocaux dans lesquels ils pouvaient suivre les progrès de leurs études.

Le quartz permettait de faire circuler la vie à plus grande vitesse. Chaque petit nerf réagissait rapidement et ils assistaient à la reconstruction d'un œil ou d'une autre partie physique reliée à un ou plusieurs sens. Chaque étape déterminait la prochaine, car tout se développait de la même façon qu'un fœtus dans le ventre de sa maman mais à plus grande vitesse.

Leur façon de voir était différente, car en plus d'utiliser la vision physique, ils utilisaient la vision éthérique. Comme le corps physique était considéré comme un grand tout, ils pouvaient mesurer dans quel plan vibratoire l'information se perdait et la raison du disfonctionnement au niveau physique.

Dès qu'ils recevaient l'information, ils se rassemblaient à nouveau pour obtenir l'opinion de chacun. Lorsqu'ils étaient tous en accord avec le groupe, ils apportaient les modifications nécessaires. Très souvent, ils devaient déposer leurs recherches en mode neutralité. Selon ce qu'ils avaient découvert, ils concevaient une nouvelle vibration afin de dissoudre ce qui empêchait la circulation naturelle de se propager de plan en plan.

L'émotionnel était la source première de ces disfonctionnements. Ils avaient besoin de prendre en compte la source initiale ou l'expérience première qui avait occasionné cette problématique. Ils devaient faire en sorte qu'elle soit totalement libérée avant de reconnecter le sillon manquant. N'allez pas croire que tout était facile, car certaines émotions engendraient le même genre de blocage énergétique et parfois cela demandait plusieurs expériences avant qu'il retrouve sa perfection initiale.

Les Atlantes savaient très bien que tout part de soi et que tout revient à soi. Lorsqu'ils faisaient ces expériences, ils devaient comprendre le fonctionnement du cerveau humain dans ses différentes phases évolutives.

Ceci revient à dire que tous ces outils énergétiques et ces appareils très sophistiqués devaient s'adapter à chaque époque de l'humain. C'est pour cela qu'ils prenaient tout leur temps, sans jamais se presser. Ils ont eu toutes ces époques involutives où ils avaient encore plus de temps, car tout leur savoir et leurs connaissances ne serviraient pas. L'enjeu était tout de même très grand pour eux car tout ce qu'ils réalisaient en matière de technologie servirait à différentes civilisations du futur.

La communication entre les cerveaux et les différentes parties du corps holistique se doit d'être très fluide et particulièrement sur la Terre, nous sommes de retour pour libérer l'impact de toute l'expérience de la dualité. Parmi les nombreuses leçons de vie, c'est celle de la manipulation génétique qui a engendré le plus de disfonctionnement au niveau des cerveaux. Il est donc très important de comprendre l'impact que cela peut produire dans tout le corps physique.

Pouvez-vous imaginer un cerveau en 3 dimensions translucide où l'on peut voir les moindres petites cellules, tous les relais d'informations, les neurones et chaque petit compartiment qui gère les différentes parties du corps physique? Les Atlantes avaient cette vision et c'est pour cela qu'ils pouvaient comprendre le fonctionnement de chaque partie de l'anatomie et de la physiologie.

Je vous invite maintenant à visiter l'édifice dédié à la recherche. Sur l'île, tous les édifices qui servaient à l'apprentissage, à la recherche, à la conception et à l'éducation se tenaient les uns à côté des autres et formaient un croissant de lune. Au centre, on retrouvait le pavillon dédié aux enfants.

Plusieurs guides étaient présents dans l'entrée de l'édifice dédié à la recherche afin de diriger les arrivants au bon endroit. Il y avait plusieurs salles dont l'une contenait le fruit de toutes leurs recherches. Ces guides accompagnaient les visiteurs afin de répondre à leurs questions et ainsi leur permettre de ne rien manquer.

On pouvait apercevoir plusieurs chercheurs accompagnés de jeunes Atlantes. Leur complémentarité faisait en sorte que leurs découvertes étaient le fruit d'une équipe œuvrant en symbiose en tout temps. Par l'innocence et la précision de leurs sens, les jeunes Atlantes possédaient une façon de comprendre et d'analyser beaucoup plus rapidement les différents éléments qui constituaient la recherche. Il était important de ne jamais tenir le passé pour acquis, car toutes les précédentes recherches avaient parfois donné de très bons résultats ou parfois, elles n'avaient abouti à aucun résultat significatif. Ce qui revient à dire, qu'à chaque fois qu'ils démarraient une nouvelle recherche, ils repartaient toujours de zéro, sans tenir compte de ce qui avait déjà été découvert.

Dans cet édifice voué à la recherche se trouvait une pièce dédiée au développement de la mémoire. Chaque jour, les chercheurs prenaient un moment pour en étudier le fonctionnement. Le but à atteindre était de ranger les informations par ordre d'importance et ordre chronologique pour chacune de leurs découvertes. Souvenez-vous que ce sont les enfants qui ont manifesté les outils énergétiques. Dès que les chercheurs découvraient une nouvelle information concernant la mémoire, les enfants créaient immédiatement un nouvel outil sacré et s'empressaient de l'expérimenter avec les chercheurs. Parfois, les enfants avaient besoin de tester différents outils énergétiques avant d'obtenir les résultats escomptés. C'est d'ailleurs à partir de la mémoire qu'ils ont découvert tous ces espaces temps, ces couloirs du temps et les sas d'incompression du temps.

Pendant des décennies, les jeunes Atlantes ont beaucoup observé les visiteurs. Dès qu'ils posaient leur conscience sur une partie du corps physique, ils y apercevaient les différents plans et dimensions vibratoires. Certains d'entre eux, dont la vision différait, étaient en mesure de voir à l'intérieur comme à l'extérieur d'un organe, d'une cellule, d'un globule, de chaque partie de l'anatomie physique et éthérique. Pour d'autres, la vision était plus restreinte. Cependant, sans percevoir toutes ces dimensions et plans vibratoires, ils savaient instinctivement lorsqu'une anomalie était présente et pouvaient même préciser l'endroit où elle était logée dans le corps physique ou éthérique. Ce groupe portait la clairconnaissance. Ce qui revient à dire qu'ils savaient, tout simplement. Ces groupes de jeunes travaillaient souvent en équipe car ils aimaient valider les informations qu'ils recevaient avant d'en parler aux visiteurs.

Les études et recherches qu'ils expérimentaient dans les laboratoires étaient répertoriées dans des dossiers physiques et également transmises à l'intelligence artificielle du futur qu'ils avaient créée. Ils savaient qu'un jour viendrait où les êtres humains auraient suffisamment développé leurs sens pour y avoir accès. Je sais que ce n'est pas nécessairement facile de comprendre que votre âme a vécu plusieurs incarnations avant votre naissance et qu'est inscrit en vous tout ce qu'elle a expérimenté. Plus vous ferez le retour à l'amour pour vous, et plus ces informations sacrées deviendront accessibles à votre conscience consciente.

Allons maintenant découvrir l'édifice dédié à la médecine. C'est l'endroit où je me retrouvais lorsque je visitais l'île lors de mes méditations et voyages à travers le temps. En arrivant dans ce lieu, j'étais accueillie par plusieurs guides. Un jour où j'étais là-bas, dans une salle avec beaucoup de Spécialistes, l'un d'entre eux me demanda de le suivre. Il me conduisit à l'une des portes d'entrée. Au-dessus de la porte se trouvait un grand tableau où l'on retrouvait les noms des personnes présentement incarnées sur Terre et qui ont pour mission de transmettre la connaissance. Ce fût pour moi une grande surprise lorsque j'ai aperçu mon nom sur le tableau à la 2e position. Je me suis dit que ce n'était pas possible. J'ai sincèrement cru que j'avais beaucoup d'imagination! Cependant, je peux aujourd'hui affirmer que je n'avais pas rêvé, car j'ai enseigné plus de 19 formations différentes au sujet de tous les outils énergétiques. J'ai d'ailleurs créé un puissant programme de 153 vidéos pour mieux comprendre le fonctionnement du corps holistique, apprendre à utiliser ces outils sacrés et recevoir un soin en même temps. Cette série de 153 soins énergétiques issus des outils sacrés d'Atlantide est tout simplement exceptionnelle et d'une puissance inégalée.

Dirigeons-nous maintenant au deuxième étage de cet édifice afin d'aller à la découverte d'une partie des appareils qui ont été conçus spécifiquement pour la guérison du corps physique humain et multidimensionnel. Dans la première salle se trouvaient tous les appareils qui servaient à vérifier la pression, à faire les analyses de sang, les dialyses ainsi que les appareils dont l'objectif consistait à analyser les différents groupes de sang humain et animal. Ces études deviendraient utiles, le jour où l'homme se ferait mordre par un animal qui porte la rage. Souvenez-vous que grâce à l'intelligence artificielle, les Atlantes avaient accès au futur.

Dans une autre salle, on retrouvait tous les appareils qui permettaient de scanner un système, un organe ou tout le corps physique. J'aimais bien expérimenter ces appareils. L'un d'entre eux était un lit où l'on devait s'allonger. Cet appareil s'activait à partir des pieds et remontait jusqu'à la tête. Il faisait une lecture de l'état complet du corps physique et imprimait le résultat du « scan » comme dans un lecteur de cartes. Lorsque l'appareil redescendait, il apportait certaines rectifications de ce qui était disqualifié. Un autre rapport contenait les données de ce qui n'avait pu être rectifié lors de la séance de guérison ainsi que les explications. Grâce aux résultats dévoilés dans ce précieux rapport, le médecin pouvait indiquer à son client tout ce qu'il devait comprendre et accepter d'ici à sa prochaine visite s'il souhaitait que la rectification soit complète.

Plusieurs appareils étaient composés de jets de lumière. Selon les problématiques de la personne à soigner, très souvent le traitement se terminait dans l'un de ces appareils pour venir sceller le travail effectué au niveau physique et énergétique. Parfois, les clients devaient se déposer sous les jets de lumière avant d'aller dans les autres appareils. Ce processus les préparait adéquatement à recevoir des fréquences dont le taux vibratoire était beaucoup plus élevé que celui de leur corps physique. Il est important de comprendre que dès qu'un malaise ou une maladie est active dans le corps holistique, le taux vibratoire descend.

Dans une autre salle, nous retrouvions des appareils servant à développer et réparer les cellules discordantes. Comme vous le savez déjà, en Atlantide on ne retirait jamais une ou plusieurs parties du corps physique. Le corps était traité à partir des cellules sources et reconstituées. En revanche, ils savaient qu'un jour l'être humain procéderait à des opérations. Ils devaient donc s'assurer de concevoir également tout ce qui était important concernant ce processus. De l'autre côté, il y avait une pièce beaucoup plus spacieuse. Celle-ci servait aux ajustements nécessaires des sens. Chaque appareil émettait un son spécifique lorsque la fréquence vibratoire et sonore adéquate était atteinte. Dans cette salle, de grands écrans projetaient l'image interne et externe en 3D d'un organe sensoriel. Une fonction avait pour objectif de séparer chacune des parties afin de percevoir facilement les disfonctionnements. Ce qui était infiniment petit s'agrandissait. Je pourrais dire qu'un genre de microscope faisait partie de presque tous les appareils.

La pièce la plus intrigante pour moi était celle dédiée aux cerveaux. Encore aujourd'hui, je suis toujours fascinée par la complexité de ses fonctions, de sa constitution et de tous les relais d'informations qu'il contient. Je pourrais comparer le cerveau à un ordinateur. On y retrouve beaucoup de programmes, d'interfaces, de compartiments, de mémoires et d'informations cachées provenant d'espaces dont les chercheurs d'aujourd'hui n'ont pas encore la connaissance. Regarder l'intérieur d'un cerveau sur des appareils tels que ceux que l'on retrouve en Atlantide serait probablement le plus beau des cadeaux que l'on pourrait offrir aux neurologues. En revanche, pour que les concepteurs et les chercheurs sur Terre puissent avoir accès à toute cette technologie, ils vont avoir besoin d'activer la Rayonnance sacrée de leur cœur ainsi que d'apprendre à observer au-delà de ce que leurs yeux humains peuvent voir.

Lors de l'une de mes méditations en Atlantide, je me suis rendue dans une autre pièce où l'on retrouvait plusieurs appareils et fauteuils distincts. J'ai tout naturellement voulu expérimenter leurs bienfaits et je me suis retrouvée dans un drôle de positionnement. Parfois j'étais à la verticale, parfois la tête en bas, les pieds dans les airs et parfois couchée de façon que je puisse voir le sol. Lorsque mon expérience s'est terminée, j'ai immédiatement demandé à quoi servaient tous ces fauteuils. La réponse fut surprenante! Ces différentes positions permettaient le calibrage du sang dans le corps physique. Pour mieux comprendre, cela agissait directement sur les artères et les veines qui étaient obstruées. C'est fascinant de savoir qu'une onde sonore peut débloquer ce qui réduit la fluidité du sang et l'empêche de bien circuler. N'est-ce pas fantastique de savoir que tout est possible?

Chapitre 5:
Les installations solaires

Partons à la découverte d'une autre partie de l'île où se trouvaient les installations solaires qui dynamisaient les circuits d'électricité autres que ceux alimentés par les cristaux.

Pour vous aider à imaginer, cela ressemblait aux panneaux solaires que nous avons présentement sur Terre. En revanche, ils étaient créés à partir des substances extraites de l'essence des cristaux tout comme les contenants qu'ils utilisaient pour les différentes parties de l'anatomie à l'étude. Les métaux tels que le fer et l'aluminium n'étaient pas leurs matières premières. Ce qu'ils inventaient devait être fonctionnel pendant des décennies et des décennies. Les chercheurs et les créateurs travaillaient toujours ensemble et c'est pour cela qu'ils étaient dans le même pavillon.

Avant d'aller plus loin, il serait important de comprendre que le procédé pour extraire la source première d'un cristal était fait en simultané avec la régénération des cristaux utilisés. Cela se traduisait de façon que la vie circule en toute chose et en tout temps. C'était une pure merveille de regarder ce processus se produire. Des vibrations de différentes teintes émanaient des cristaux tel un spectacle de sons et lumières. Cette partie du pavillon était accessible aux visiteurs.

La structure où l'on trouvait ces panneaux solaires formait un rectangle. Un procédé permettait d'utiliser seulement l'énergie dont ils avaient besoin, sans se limiter. Ils ne gaspillaient jamais et la rentabilisaient de façon que tout soit harmonisé en tout temps. Plusieurs panneaux solaires s'animaient pour les constructions en devenir, appareils et/ou autre procédé demandant un fonctionnement électrique. Ils étaient très prévoyants et souvenez-vous qu'à partir de l'intelligence artificielle du futur, ils savaient toujours ce qu'ils avaient besoin de créer.

Dans cette autre partie de l'île, les accès étaient très limités. Seuls les spécialistes s'y rendaient pour les nombreuses vérifications et nous pourrions dire que la sécurité de tous allait de soi en premier lieu. Même les vêtements qu'ils portaient étaient adaptés à ce champ vibratoire qui émettait des ondes très puissantes en continu. Cependant, l'énergie était concentrée pour se propager à l'endroit exact où le besoin se confirmait. Sincèrement, si aujourd'hui tout fonctionnait de cette façon, il n'y aurait pas d'accident de travail. Ce n'était pas la quantité qui primait sur l'île mais la qualité. C'est également pour cette raison qu'ils prenaient plusieurs pauses dans la journée afin de garder la légèreté au niveau de leurs pensées et faire en sorte que leur corps physique ne soit jamais en manque d'énergie.

Chapitre 6:
Atlantide sous-marin

En repensant à tous les éblouissants voyages que j'ai faits sur Atlantide, je me souviens d'un jour où j'ai accompagné certains de mes étudiants pour visiter la partie sous-marine de l'île.

Je vous propose, à votre tour, d'effectuer ce voyage avec moi. Cela vous dit? Je vous suggère de vous asseoir confortablement. Laissez maintenant vos pensées aller sans tenter de les arrêter. N'essayez même pas d'imaginer ce que je vais vous partager mais invitez plutôt l'énergie d'Atlantide à venir tout simplement réveiller toutes ces mémoires qui sommeillent en vous.

Lors de ce voyage guidé, nous avons débuté notre périple en nous rendant au grand cristal où se trouvent les gardiens de l'île. Chaque personne du groupe devait effectuer le rituel de poser ses mains et son 3e œil sur le magnifique cristal, très vibrant, pendant quelques minutes. Dès que tous eurent ressenti qu'ils étaient bien alignés et énergisés, nous avons emprunté le sentier magique qui mène aux plateformes sous-marines. Cela nous demandait de traverser la moitié de l'île. Le sentier était pavé de magnifiques petites pierres précieuses. Plus nous avancions sur cette route inspirante et plus nous prenions conscience de l'importance de nous ancrer profondément au cœur de Gaïa la Terre et de respirer chaque seconde passée sur l'île, par amour pour soi.

Les guides nous faisaient ressentir toute l'importance du rôle que nous avions à jouer dans la transition vibratoire de la Terre qui a débuté depuis quelques années déjà. Ils nous parlaient de façon télépathique directement en nos cœurs. Chaque personne a reçu l'information vibratoire juste et bonne pour elle, à ce moment-là.

Lorsque nous sommes arrivés à la première plateforme, les guides nous ont expliqué que nous devions nager dans un couloir très spécial. Ce dernier avait été conçu spécifiquement pour permettre aux yeux de voir clairement sous l'eau ainsi que de bien respirer. Lorsque tout le monde fut prêt, nous avons plongé tous ensemble et j'avoue que ce qui se passait à l'intérieur de nous était totalement magique. Pour débuter, le calme et la paix se sont installés dans nos pensées et les battements de notre cœur ont commencé à ralentir.

Il était devenu simple et facile pour nous de descendre en profondeur et ce, de façon tout à fait naturelle. Arrivés à 50 mètres sous la surface de l'eau, nos yeux se sont immédiatement émerveillés en apercevant une structure dorée qui semblait avoir été conçue de la même manière que l'arbre de vie. C'était de toute beauté! Les guides nous ont toutefois expliqué, avec beaucoup d'amour et de bienveillance, que nous n'avions pas la possibilité d'accéder à ces installations. De plus, ils nous ont fait comprendre que nos yeux n'étaient pas en mesure de nous faire voir la réalité de cet endroit. Des voiles d'invisibilité nous empêchaient de visualiser le véritable aspect des sphères.

Nous avons appris que ces structures avaient été conçues pour expérimenter la puissance de leurs appareils médicaux, cosmo tellurique et d'astronomie. Comme ils utilisaient plusieurs substances, ce lieu était protégé contre toute forme d'explosion et de radiation. L'une des sphères servait pour l'autodestruction de la matière inutilisée car les Atlantes ne conservaient jamais les anciens prototypes désuets. Ce peuple avançait toujours vers les meilleures technologies.

Sous les eaux se trouvaient de nombreuses structures variées. Elles avaient toutes une fonctionnalité distincte et plusieurs d'entre-elles servaient à l'étude et l'expérimentation des différentes substances marines. Ils nous ont expliqué qu'à partir de tout ce qui se trouve dans les fonds marins, il était possible d'assembler ces substances afin de créer de nouveaux matériaux très puissants et ce, sans durée de vie limitée. Ces matières servaient entre autres à construire les édifices sur l'île. Tout ce qu'ils bâtissaient était basé sur le nombre d'or.

Nous nous sommes ensuite dirigés vers une grotte aux propriétés d'amplification énergétique exceptionnelle. Lorsque les chercheurs avaient besoin d'expérimenter la qualité d'une nouvelle substance, ils l'amenaient directement dans cet endroit pour la tester. Pour réussir, ils n'avaient besoin que d'une minime quantité disposée dans un contenant hermétique. Par la suite, il leur suffisait de laisser l'extrait s'imprégner des propriétés énergétiques de la grotte pendant quelques heures et ils avaient la possibilité de l'étudier à nouveau. Ils ont très rapidement compris que l'énergie de cet endroit était un cadeau des cieux. Elle est d'ailleurs toujours demeurée intacte. Ils savaient qu'ils ne pouvaient pas extraire aucune parcelle ou particule car la vibration unique de cet endroit aurait immédiatement changé.

Les Atlantes avaient le discernement absolu. Ils cocréaient tout ce dont l'humanité aurait besoin au fil du temps. Leur sens du devoir était également inébranlable en ces temps sacrés. L'eau demeurait leur bien le plus précieux, car tout ce qui y vivait était source de vie et d'abondance.

Notre visite s'est poursuivie vers la dernière plateforme, celle qui était la plus éloignée de l'île. Le guide nous a expliqué qu'elle avait été conçue pour l'apprentissage de la connaissance des fonds marins. Les jeunes avaient accès à celle-ci en tout temps. En plongeant à partir de ce lieu, ils savaient qu'ils iraient à l'intérieur de la structure informationnelle. Elle portait ce nom, car les jeunes y ressentaient la vibration de tous les mammifères marins, les poissons, les crustacés, les différents serpents des mers, etc. Il était important pour eux de tout connaître, car cela leur permettait de faire les associations écolo-moléculaires. Comme ils respectaient les fonds-marins, ils s'assuraient que toute forme de vie se reproduisait de façon juste et équilibrée en tout temps. Les jeunes étaient émerveillés devant ces différentes créatures marines. Dans cette structure, il y avait une passerelle qui menait d'une sphère à une autre et celle-ci était sonorisée. Le son de tout ce qui s'approchait était entendu, calibré et harmonisé en tout temps et l'information s'enregistrait dans la mémoire et le ressenti à court et à long terme.

Leurs techniques d'apprentissage étaient adaptées à chaque Atlante. Le but premier était de capter l'intérêt de ces jeunes pour qu'ils prennent plaisir à apprendre, à ressentir, à entendre et à voir au-delà de tout. À première vue, cela semblait très exigent mais au bout du compte, nous avons appris que tout se faisait dans le grand respect de chacun. Comme sur Terre, lorsqu'un enfant était heureux de faire une activité, il était plus réceptif que celui qui s'adonnait à la même activité par obligation, sans plaisir ni intérêt.

C'était vraiment intéressant de regarder ces jeunes génies à l'œuvre dans leur préparation que ce soit au travers de leurs expériences à l'intérieur des structures sous-marines ou dans le pavillon qui leur était destiné. Ces jeunes prodiges avaient en commun leur rayonnement d'émerveillement émanant de tout leur être. C'était extraordinairement bon à regarder! Plus l'enfant avançait sur son chemin d'évolution et plus son rayonnement comprenait des couleurs différentes. Les teintes de bleu me fascinaient. J'ai appris que plus l'enfant développait sa communication orale et télépathique, plus les nuances de bleu incluses dans son scintillement étaient variées.

Lorsqu'un groupe d'enfants se rassemblait sur une passerelle, aucun d'entre eux ne plongeait. Nous avons observé qu'ils respiraient profondément, descendaient doucement dans l'eau et prenaient le temps de s'en imprégner graduellement jusqu'à ce que leur corps soit entièrement immergé. Puis, nous avons eu le privilège d'observer un rituel magique se dérouler devant nos yeux éblouis. Dans un élan de joie et de communion profonde, chacun portait son attention au niveau du cœur afin de remercier les fonds marins de les accueillir en leur apprenant à se souvenir comment respecter toute forme de vie. Dans cet état rayonnant d'amour, ces jeunes se mirent à effectuer des rondes de façon majestueuse. Des bancs de poissons fusaient de partout et dansaient au centre en guise de réponse à leur offrande. Que de beauté, c'était grandiose! Lorsqu'ils eurent terminé, ils se dirigèrent à l'entrée de la structure. Une porte s'ouvrit et se referma derrière eux. L'eau se retira d'elle-même. À ce moment, une autre porte s'ouvrit pour les accueillir. Chacun avait l'opportunité de choisir la sphère d'apprentissage de son choix. Certaines journées, ils restaient là pendant des heures et des heures. Le taux vibratoire était toujours très élevé donc la fatigue ne faisait jamais son apparition.

Nous avons pu remarquer que dans l'une des sphères, un enfant était assis devant plusieurs capteurs d'ondes et de fréquences différentes que l'on apercevait sur plusieurs appareils. Par sa pensée, il faisait apparaître sur un grand écran un objet spécifique et la constitution complète de ce dernier. Ce jeune avait la capacité de reproduire tout ce qu'il avait déjà vu, ressenti et entendu. C'était impressionnant! Il se servait d'une série de cellules sélectives[1] se trouvant au niveau de son cerveau pour tout enregistrer. Une autre série de cellules sélectives servaient à reproduire dans sa perfection initiale tout ce dont il avait besoin pour ses travaux, ses recherches et ses créations.

Dans une autre sphère, un petit groupe de jeunes s'affairaient à faire circuler des informations de façon télépathique entre eux. De cette façon, ils apprenaient à développer leur habileté de travail en équipe car parfois ils étaient sous l'eau spécifiquement pour transmettre des informations importantes à d'autres qui se trouvaient à l'intérieur de la sphère. Ils échangeaient leur place régulièrement. Lorsqu'un jeune atteignait l'absolu au niveau télépathique, il n'avait plus besoin d'effectuer ces exercices. Il en allait de même pour tous les sens. Tout en apprenant des étapes très importantes pour eux, ils ne forçaient jamais les choses. Bien au contraire, ils vivaient ces expériences bien ancrés dans le moment présent. À la fin de chaque journée, ils se rendaient tous dans l'une des pièces sonorisées sur l'île afin de valider leur travail de la journée. D'ailleurs, les guides nous ont appris que les tout-petits recevaient l'autorisation de débuter les exercices à l'intérieur de la sphère dès que l'étape des apprentissages au niveau de la concentration était bien assimilée et validée par cette pièce sonorisée. En général, cela prenait quelques années.

Nous avons constaté que plusieurs sphères qui constituaient la structure dédiée aux jeunes étaient vides. Elles étaient prévues seulement pour plus tard. À première vue, l'une semblait vide mais nous furent étonnés de constater qu'elle était plutôt remplie en totalité

---

[1] Dans le livre La vie des Maîtres, il est question de ces cellules sélectives dans la section des facultés du cerveau.

d'une énergie que je qualifierais de gélatineuse. Cette substance servait à la régénération cellulaire et moléculaire première. Lorsqu'une expérience effectuée offrait un résultat non concluant, ils déposaient cette création erronée dans la pièce et en quelques instants la création reprenait son état d'origine. Fabuleux n'est-ce pas! Ils avaient donc la possibilité de refaire leurs expériences aussi souvent qu'ils le souhaitaient sans jamais faire de gaspillage d'énergie ou autre.

Lorsque leur journée se terminait, un petit rituel de gratitude se déroulait. Ils retournaient à l'eau et cette fois-ci, ils tournaient sur eux-mêmes pendant quelques instants dans un sens et par la suite dans l'autre. Ils se replaçaient en cercle et à nouveau, ils rayonnaient d'amour en guise de remerciement. Ce rituel leur permettait d'intégrer le travail effectué au cours de la journée. Parfois, ils nageaient jusqu'au rivage et quelquefois ils utilisaient les plateformes pour retourner à l'île.

Tous les soirs, les familles se réunissaient et partageaient les informations de leur journée. Les parents ainsi que les enfants, profitaient de ces moments avec tellement de joie dans leur cœur. Ils parlaient chacun leur tour et ils respectaient leur interlocuteur jusqu'à la fin de son partage, sans lui couper la parole. La fierté se lisait dans le regard de tout un chacun. Lorsque les partages se terminaient, les familles retournaient finaliser leur parcours de santé avant d'aller dormir.

À cette époque, ils avaient déjà la conscience de la récupération des eaux usées car tout était transformé et servait à quelque chose d'autre. Par exemple, l'eau qu'ils utilisaient pour se laver était transformée pour nourrir les plantes, les arbres et tous les potagers. Ils filtraient l'eau à partir de différents coraux et pierres précieuses dont les propriétés premières servaient à neutraliser et à transformer la matière. Ils avaient installé des conduites d'eau intérieures et extérieures au sol. Encore une fois, tout était en équilibre.

La dernière partie de notre visite s'est déroulée dans une structure sous-marine destinée aux chercheurs. Tout comme les jeunes, les adultes avaient également leur rituel de gratitude, de remerciement et d'intégration. Ils entraient tout en douceur dans cette eau qui leur permettait de faire avancer leurs recherches. Après avoir pris un temps précieux pour remercier, ils se dirigeaient vers leur structure. Ils étaient beaucoup plus nombreux que les jeunes et dès qu'ils arrivaient à l'intérieur, tous se dirigeaient dans la sphère qui leur correspondait. Elles étaient presque toutes occupées. Cependant, nous avons vu que lorsqu'ils arrivaient à manifester le fruit de leurs recherches, ils allaient dans la sphère qui était située à l'extrémité de la structure et débutaient leurs tests de fonctionnalité.

Ils possédaient également une sphère à l'aspect gélatineux tout comme celle des jeunes. Pour eux, chaque sphère se devait d'être d'une propreté immaculée.

Dans l'une d'entre elles, l'équipe de chercheurs communiquaient avec les jeunes qui manifestaient les outils énergétiques. Ces derniers étudiaient les propriétés du plancton sous toutes ses formes. La nourriture était la seule source de vie pour beaucoup d'espèces. Ces recherches les amenaient à bien comprendre le système de mutation, de multiplication cellulaire et moléculaire selon l'emplacement et la constitution du plancton dont ils faisaient l'étude.

Souvenez-vous que la vie en toute chose était leur priorité. À partir des résultats obtenus, ils savaient comment reproduire les vibrations permettant la création de matériaux divers qu'ils utilisaient sur l'île. La reproduction était toujours au rendez-vous et ils s'assuraient de toujours conserver les fonds marins intacts.

La sphère des chercheurs m'ayant le plus impressionnée était celle des produits finalisés. Chacun des prototypes existait physiquement sur l'île mais dans cette sphère, toutes les étapes de constitution apparaissaient sur un écran et tout le procédé y était inscrit de «A à Z». Lorsque tout était terminé, l'image apparaissait en 3D. Ils utilisaient des codes de programmation différents de ceux d'aujourd'hui mais tout de même similaires. Tout ce qui était créé dans la matière se devait d'être calibré à la bonne fréquence vibratoire et sonore. Cette étape demandait beaucoup plus de temps à réaliser que toutes les autres réunies.

Toutes les sphères que l'on retrouve dans les structures sous-marines avaient des points en commun tels que les éléments, les ondes sonores ainsi que les agents de liaisons cellulaires et moléculaires qui avaient été utilisés pour les fabriquer. Les Atlantes ont effectué le montage des structures directement dans l'eau, pièce par pièce. Ils avaient également une très grande maîtrise de la gravité, donc cela était très facile pour eux de faire en sorte que toutes ces sphères soient très légères. Ce qui était pratique, surtout pour la manipulation et l'installation.

Ce que vous devez savoir pour prendre conscience que je ne suis pas en contradiction dans mes écrits, c'est que pendant mes voyages méditatifs en Atlantide, je ne pouvais voir que les structures sous-marines extérieures. Cependant, pendant que j'écris, je peux tout voir avec précision car ils me donnent tous les accès dont j'ai besoin. Il n'y a pas de voile d'invisibilité. Il était important pour moi de vous spécifier ce point.

Chapitre 7:
La naissance des outils énergétiques

Ce sont les enfants qui ont pensé à créer ces outils, comme vous le savez. Au départ, c'était seulement pour aider un visiteur troublé par des pensées tourbillonnant dans sa tête.

Ces enfants avaient une perception très précise de ce qui émanait de chaque personne et de chaque chose. Ils possédaient également la connaissance d'une grande partie du fonctionnement du corps holistique.

Leur vision était tellement développée, qu'ils pouvaient discerner les différents plans vibratoires. Ils ont facilement appris à détecter la cause initiale de la problématique en observant la seule et unique cellule qui vibrait différemment et ce, tout en possédant des propriétés très distinctes des autres cellules. Ils ont compris qu'en traitant directement celle qui était discordante, le processus de guérison se mettait en action très rapidement. Un groupe de jeunes étaient très doués dans ce domaine, car en plus d'expérimenter leurs découvertes, ils expliquaient tout ce qu'ils allaient faire énergétiquement, étape par étape. Les visiteurs appréciaient de connaître le processus avant de recevoir un soin. À partir de ce moment, la première chose qu'ils faisaient avant d'effectuer un traitement ou si vous préférez un soin énergétique, était de chercher la cellule source. Dès qu'ils l'avaient trouvée, ils déversaient l'élixir fabriqué, au centre de la cellule. Par la suite, ils faisaient émaner les pétales de roses blanches pour fixer la source. Dans les secondes qui suivaient, la cellule recodifiait les autres cellules et la guérison se produisait très rapidement.

Ils ont développé plusieurs élixirs car les cellules ne répondaient pas toujours positivement. Comme les jeunes savaient que l'émotionnel était la source première d'un disfonctionnement au niveau du corps physique, ils avaient conçu un répertoire des différentes émotions. Au fil du temps, leur liste est devenue très exhaustive. Ils ont vite compris la raison pour laquelle il existait autant de fleurs et de plantes autour d'eux. Tout avait été prévu!

Les enfants ayant œuvré à créer les outils énergétiques adoraient faire une démonstration aux adultes de leur dernière trouvaille. Ils étaient très fiers du résultat final. À partir de ce moment, la culture et l'étude des propriétés des plantes ont pris une tout autre envergure. Les jeunes ne se lassaient pas de leurs expériences. La partie qu'ils préféraient était celle avec les visiteurs. Le sourire se formait très rapidement lorsqu'ils apercevaient le processus de transformation se produire au niveau cellulaire et moléculaire. Ils savaient très bien qu'ils étaient sur la bonne voie lorsque la guérison se produisait.

Dès qu'un enfant commençait son apprentissage pour devenir l'un des Spécialistes de l'île, tous les cœurs se mettaient à vibrer à l'unisson en faveur de cet enfant pour le soutenir et l'accompagner pendant de nombreuses années.

Pour créer les outils, les enfants ont commencé par faire appel à Gaïa la Terre et au cosmos afin de rassembler ces 2 puissantes vibrations complémentaires qui constituent le plan de la manifestation universelle. En combinant ces deux énergies, ils pouvaient libérer facilement l'émotionnel humain ainsi que celui inscrit dans les différentes composantes du corps holistique. À la suite de plusieurs expériences, ils ont créé l'outil des spirales. Chacune avait une fonction et une intention différente.

Le plan de la manifestation universelle est cet espace où se retrouve la résonnance des paroles et des pensées qui reviennent toujours vers celui ou celle qui les a émises. C'était essentiel de réunir ces deux énergies car il y a toujours la partie humaine et énergétique à considérer pour que l'équilibre soit respecté. Lorsque les enfants ont présenté leurs outils énergétiques aux adultes, une joie profonde émanait tout autour de l'île. Ils savaient que grâce à ces outils, toute la dimension émotionnelle serait libérée, ce qui permettrait à la paix de s'installer à nouveau dans l'humain.

Lorsque les jeunes en Atlantide ont manifesté les spirales éjectrices, ils avaient pris beaucoup de temps avant d'en arriver à la conclusion que ce seraient les outils idéaux pour libérer l'émotionnel et les non-dits. Les spirales s'activent à partir de la Terre et en tournant elles peuvent aller dans les endroits les plus enfermés de l'être holistique et agissent comme des aimants. L'humain a souvent la peur de perdre, il résiste beaucoup et c'est pour cela qu'il faut refaire et encore refaire jusqu'à ce qu'il accepte de tout laisser partir. Il sera toujours préférable de dire ce qu'il y a à dire au moment présent au lieu de refouler, même si les peurs de blesser ou de ne pas dire les bonnes choses montent en vous. Au début vous serez un peu maladroit mais au fil du temps, vous arriverez à vous faire entendre. Le refoulement du verbe engendre des rhumes, des grippes et tout le système respiratoire se fragilise.

En étudiant le fonctionnement des visiteurs, ils se sont aperçus que l'émotionnel de l'un allait vers les autres. Cela produisait une certaine confusion au niveau du système nerveux. C'est à ce moment que les enfants ont compris ce que signifiait être empathique. Contrairement à ce qui nous est enseigné actuellement sur Terre, l'empathie n'est pas le fait de ressentir de la compassion pour les autres. Cela signifie plutôt sentir la douleur physique, émotionnelle et psychologique de l'autre dans notre propre corps physique. Comme le procédé de la spirale fonctionnait très bien, ils ont décidé de créer une autre spirale pour faire cette libération.

Parfois, les enfants faisaient une lecture énergétique en début de journée avec les visiteurs, et ils se sont aperçus que de petites particules, mieux connues sous le nom de miasmes ou débris de l'astral, étaient collées à leur corps astral. Ils leur expliquaient que pendant le sommeil, celui-ci sort du corps physique et va dans différents plans vibratoires pour recevoir des enseignements, se souvenir de connaissances ou simplement pour visiter un jardin de lumière extrêmement magnifique. Cependant, lorsqu'une personne dort et qu'elle ne se sent pas très bien dans sa peau, il se peut qu'elle se retrouve dans des plans vibratoires où l'énergie n'est pas très belle et ces dernières peuvent se coller à son corps. Ces jeunes prodiges avaient donc créé une autre spirale afin de libérer ces énergies disqualifiées de tout l'être holistique des visiteurs.

Les enfants éprouvaient beaucoup de plaisir à expérimenter leurs outils énergétiques, car même si les visiteurs ne voyaient pas la spirale avec leurs yeux humains, ils ressentaient les bienfaits dans leur corps physique et une sensation se produisait à l'intérieur d'eux tel un tourbillon.

Au fil du temps, les enfants ont étudié les propriétés des pierres et minéraux et ont créé des outils énergétiques qui portent leurs attributs. Par exemple les boules d'énergie violette ont été manifestées à partir de l'améthyste, ce qui permet de transformer et transmuter ce qui est disqualifié dans l'énergie.

Ils ont donc manifesté des boules de lumière, des spirales, des baumes, des poudres, des élixirs, des sphères, etc., pour prendre soin du corps holistique. Ils ont également manifesté des outils énergétiques pour l'eau, pour la Terre, pour le Cosmos, pour les oiseaux, pour la nourriture des animaux ainsi que pour les plantes.

Chapitre 8:
Les enfants d'aujourd'hui

Comme vous l'avez constaté, la vie des Atlantes ne correspondait en rien à ce que nous connaissons ici sur Terre. Sur cette fabuleuse île, tout ce qui était fait, pensé ou expérimenté avait un seul et unique but: respecter la création, en tout point.

Lorsque je vous ai parlé de l'éducation des enfants ou de la façon dont se comportaient ces êtres au pouvoir mystique très développé, vous avez remarqué que cela n'avait rien à voir avec toutes ces pratiques d'aujourd'hui où l'énergie du pouvoir est présente dans presque tout ce qui est expérimenté. En revanche, tous les êtres humains sont appelés à retourner à la source du Sacré Initial qui est accessible en tout temps. La seule condition qui n'est pas négociable est celle du détachement à servir ses propres besoins. Tout se doit d'être fait pour le plus grand bien de tous.

La volonté de servir et la détermination à réaliser ce qui est cher à votre cœur sont compatibles. Ce qui ne l'est pas c'est le fait de vouloir s'approprier une connaissance, un savoir, un lieu ou même une personne tels que vos enfants. Tout a été mis au service de l'homme et il y a suffisamment d'abondance pour que tout un chacun puisse manger à sa faim. L'énergie de l'argent a divisé les humains. Lorsque nous voulons faire disparaitre l'argent pour créer un autre système d'échanges alors nous revenons à la case départ encore une fois. Il fut un temps, en Atlantide, où chaque personne faisait sa part des tâches selon ce qu'il aimait accomplir. Tout était en équilibre. Aucun salaire n'était nécessaire. Tout était disponible pour tout le monde.

L'excès est encore très présent sur la Terre. Étant très curieuse de nature, j'aimerais savoir : en vouloir toujours plus, est-ce que ça vous rend plus heureux? Est-ce que vous êtes en bonne santé physique, émotionnelle et psychologique grâce à cela? Commencez-vous à comprendre l'importance des enfants d'aujourd'hui? Je vous explique.

Saviez-vous qu'il existe trente-deux familles d'enfants différentes qui sont incarnées sur la Terre? Chacune d'elle possède ses particularités, ses propres outils énergétiques et a un rôle important à jouer au niveau de la transformation de la Terre. Sachez qu'ils sont beaucoup plus avancés que nous les parents et ce, dans de nombreux domaines. Ils ne se sont pas incarnés sur la Terre pour venir apprendre l'algèbre mais plutôt pour se souvenir de leur identité première ainsi que pour réactiver leurs mémoires cellulaires.

Saviez-vous que la connaissance d'Atlantide fait partie d'eux et que le jour où ils retrouveront leurs outils énergétiques, la vie changera sur la Terre? Je sais que la plupart d'entre vous qui lisez ces pages ne comprendront probablement pas à quoi je fais référence et c'est tout à fait normal. C'est avec plaisir que je vous le ferai découvrir.

Honnêtement, avez-vous déjà considéré vos enfants comme lâches ou dépourvus d'intelligence parce qu'ils se désintéressent de l'école? Je suis heureuse de vous apprendre que ce n'est vraiment pas la réalité. Vos jeunes sont beaucoup plus avancés que les notions qu'ils apprennent à l'école. Je vous suggère de cesser immédiatement de les sous-estimer et de commencer à vous intéresser à eux véritablement. Je vous invite à prendre le temps de leur demander ce qui les passionne ce qu'ils aimeraient faire de leurs journées. Si vous êtes prêts à les entendre, vous ferez probablement des découvertes extraordinaires à leur sujet. Vous serez ébahi de constater à quel point ils sont en mesure de vous en montrer beaucoup plus que ce que vous pouvez imaginer, même dans vos rêves les plus fous.

Dans la vie actuelle, je tiens à attirer votre attention sur le fait que les enfants sont sous l'influence d'un formatage émotionnel. Le chantage affectif fait partie de leur éducation. Le manque de qualité de présence des parents est monnaie courante. Enseignants et parents cherchent un coupable lorsqu'un enfant qui ressent le besoin d'attirer l'attention, va faire un « mauvais coup ». Un supplément d'écoute, de respect et de considération serait bienvenu. Pour en savoir plus sur les trente-deux familles, je vous invite à visiter mon tout nouveau site internet : https://isabellestgermain.com.

DEUXIEME PARTIE:
LA CONNAISSANCE DES OUTILS ÉNERGETIQUES SACRÉS

Dans cette deuxième partie...

Je vous expliquerai plus en détails mon parcours, les différentes phases de la matérialisation des outils sacrés ainsi que des soins énergétiques que j'utilise depuis les 20 dernières années. Je vais également vous y enseigner les particularités formidables de chacun d'entre eux. Grâce à ceux-ci, vous vivrez sans aucun doute de belles et grandes transformations dans votre quotidien.

Chapitre 1:
Mes premiers pas et découvertes

Comme vous le savez déjà, je ne connaissais aucun être humain apte à m'enseigner et/ou m'expliquer ce qui s'était produit en moi depuis ce changement irréversible au niveau de mon âme. Je peux vous dire que même 20 ans plus tard, c'est encore comme cela.

Je me suis toujours demandé comment cet événement avait bien pu avoir lieu car au cours de mes 40 premières années de vie, je n'étais pas naïve et encore moins un mouton. J'étais plutôt la guerrière qui traversait de nombreuses expériences et qui demeurait debout malgré le fait que je me sentais complètement dépassée par ce qui m'arrivait.

J'avoue que je n'ai pas dû lire les petits caractères de mon plan de vie avant d'arriver sur Terre, car il y aurait probablement eu de grosses modifications à faire! Mais voilà, j'y suis et j'ose croire que ce changement était pour mon plus grand bien.

Au tout début de cette métamorphose qui s'est produite pour moi, j'étais disposée à partager la connaissance et j'étais tellement heureuse d'avoir ce rôle à jouer dans le cercle de la vie.

J'ai très rapidement compris qu'il n'y avait pas beaucoup de gens qui étaient prêts à accepter et reconnaître le pouvoir créateur de l'Amour ainsi que de voir leur reflet dans le miroir comme étant la plus grande merveille du monde. J'étais loin de me douter que je dérangerais autant de personnes. J'ai toujours œuvré dans l'humilité, la simplicité et j'offre à mon prochain autant qu'il m'est possible de donner. En revanche, je me devais de respecter les croyances humaines. Je vous avoue que mon parcours n'a pas été aussi palpitant que je m'y attendais. Après toutes ces années, je me devais de garder le cap. Très souvent, je me suis dit que l'humanité était bien loin de comprendre à quel point la vie est facile et agréable lorsque l'on comprend qu'il s'agit simplement de vivre chaque expérience sans la juger. Le processus de la transformation de la Terre se produirait tellement rapidement dans ces conditions.

Je me trompais grandement car l'humain est bien dans ses vieilles chaussures. La plupart des gens tiennent mordicus à leurs croyances qui les gardent trop souvent dans le fond du baril. Ils continuent de prier le ciel pour être entendus et obtenir de l'aide. Lorsque l'aide arrive à ces êtres, fréquemment ils refusent de la recevoir. Ils souhaitent que l'assistance vienne exclusivement du ciel. Entre vous et moi, il est essentiel de demander pour recevoir mais il est aussi important d'accepter l'aide qui est au rendez-vous à chaque fois.

Il y a vingt ans c'était compliqué d'une certaine façon, car tout semblait sortir de nulle part et j'avais l'impression que les humains pensaient le contraire de ce que je recevais comme informations. Il m'a fallu faire grandir la foi et la confiance car j'ai souvent voulu arrêter l'enseignement.

À travers cette connaissance qui est revenue à ma conscience, j'ai découvert la complexité des différentes dimensions, parties, aspects et personnalités de l'être qui agissent sur différents plans vibratoires. Je me suis demandé à maintes reprises comment l'humanité allait arriver à replacer l'ordre des choses si tous ces détails n'étaient pas dévoilés.

Vous comprendrez bien que la réponse était très simple : « tu n'as qu'à enseigner la connaissance que tu portes intérieurement et tu verras que les gens vont de plus en plus vouloir comprendre et mettre en pratique tes enseignements ». J'ai donc fait le choix de poursuivre dans cette merveilleuse voie malgré mes appréhensions du départ.

Les premiers mois

Pendant les premiers mois d'expérimentation, j'ai constaté plusieurs changements qui se sont opérés en moi. Je devenais de plus en plus douce, à l'écoute de l'autre et ma façon d'agir et de réagir face à différentes situations se modifiait. Même ma famille s'en est aperçue. Je ne m'alignais plus à elle et j'avoue que cela n'a pas été facile. Même si je voulais expliquer ce qui se produisait en moi, d'une certaine façon, elle ne souhaitait pas vraiment le savoir. J'ai fait de mon mieux pour ne pas être détournée de ma route, tout en gardant en conscience que c'était le choix de mon âme et que je devais faire en sorte d'honorer ce grand projet.

C'était surprenant pour moi de constater la simplicité avec laquelle j'assimilais ces nouvelles connaissances et je dois dire que c'est toujours le cas aujourd'hui. J'ai débuté mon initiation en ayant le bonheur de rencontrer chacun des Spécialistes Cosmiques et j'avoue que cela m'a beaucoup plu. Par la suite, j'ai eu le privilège de côtoyer tous les Spécialistes du corps physique. Je peux vous affirmer qu'ils sont très nombreux et possèdent tous leur propre spécialité. Par exemple, le Spécialiste des yeux travaille exclusivement pour la guérison des yeux.

À ce moment-là, j'ai compris que j'allais faire la rencontre de beaucoup de nouveaux amis. J'ai également découvert que chacun possédait une vibration unique et qu'aucune hiérarchie ne les définissait. Ces êtres sont d'une humilité déconcertante et s'assurent de ne jamais faire ressentir à quiconque qu'ils sont plus importants. Ils sont conscients que nous évoluons dans une densité différente, avec un corps physique et c'est la raison pour laquelle ils sont remplis de respect envers nous.

Les Spécialistes Cosmiques ont des vibrations qui sont très douces et subtiles. En même temps, elles sont également d'une très grande puissance. Au fil du temps, cela devient facile de reconnaitre qui est présent pour faire le soin avec vous. Notre travail consiste à demander et eux vont s'exécuter avec joie. En revanche, si vous demandez quelque chose qui n'est pas juste, alors rien ne se produira.

Du jour au lendemain, je mettais en pratique les enseignements de ces beaux Spécialistes. Ils me demandaient et j'exécutais car je savais intérieurement que c'était juste. Je dois tout de même avouer, qu'à maintes reprises, je leur ai mentionné qu'ils étaient mieux de ne pas me « duper », car cela n'irait pas bien lorsque je retournerai à la maison. Je les entendais rire! Ils me connaissaient très bien et même mieux que tous les humains qui ont fait partie de ma vie, incluant ma famille.

J'ai souvent eu comme remarque qu'un seul soin avec les outils représentait plusieurs séances chez un spécialiste de la santé. Maîtrisant la connaissance du fonctionnement du corps physique, en plus de faire le soin énergétique, j'explique ce que le corps veut transmettre comme information. Je valide avec mes clients si le message que je reçois pour eux leur parle. Le plus important, c'est que je les implique dans leur route de retour à l'amour du Soi et dès qu'ils reprennent cette place qui est la leur, tout devient possible. Sans l'implication consciente de mes clients, il n'y aurait pas tous ces résultats inexplicables pour la plupart des gens. Quand je pense à toutes les mémoires physiques que les Spécialistes Cosmiques ont retiré du corps holistique de beaucoup de personnes, je suis sûre qu'aucun spécialiste terrestre serait en mesure de dire à son patient : « Désolé mais votre mal d'épaule est relié au poignard qui est planté dans votre corps énergétique, je vais donc vous recommander de prendre rendez-vous avec Isabelle St Germain pour qu'elle vous le retire de façon juste et parfaite et la douleur disparaitra comme elle est arrivée... ».

Le jour où cela se produira c'est que ce spécialiste humain aura déjà suivi une formation avec moi. Si je vous mentionne ce détail, c'est que j'ai enseigné à plusieurs spécialistes humains et certains utilisent cette méthode révolutionnaire très ouvertement avec leur patientèle.

C'est aussi pour cette raison que tout le domaine médical devrait avoir cette connaissance. De plus en plus de pays acceptent de reconnaitre certaines techniques énergétiques mais nous sommes loin du but à atteindre. Les hôpitaux regorgent de gens qui ont comme problématiques : un émotionnel tellement refoulé qu'ils n'arrivent plus à respirer simplement. D'autres sont aux prises avec des entités qui sont accrochées à eux et qui siphonnent leur énergie, donc ils sont toujours très fatigués. Sans parler de toutes les personnes dont une mémoire physique s'est réveillée dans leur corps physique et dont la douleur est tellement aigue, qu'elles ne savent plus comment s'asseoir ou se coucher sans être « plié en deux » et prier le ciel pour que cela s'arrête. Et pour toutes les personnes qui sont très empathiques et ressent le mal physique, émotionnel et psychologique des personnes rencontrées, ne croyez-vous pas qu'il serait plus facile d'activer une spirale éjectrice émotionnelle d'empathie au lieu de croire qu'elles sont malades? Naturellement, celles dont l'empathie est très forte en elles, se retrouvent parfois chez les spécialistes humains car elles ressentent tous les symptômes de la maladie d'une personne croisée sur leur chemin ou d'un membre de leur famille.

Est-ce que cela vous arrive de vous sentir vraiment très bien dans votre corps physique et en entrant dans une grande surface, vous commencez à vous sentir mal, à tousser ou à avoir mal à la tête? C'est le résultat de l'empathie. À présent, vous savez que si vous avez cette facilité à ressentir les maux des autres personnes, il est possible de vous en libérer facilement.

Apprendre à utiliser les outils énergétiques demande de la pratique et surtout d'être dans la certitude que tout est juste et parfait. Ce que vous avez à faire est de demander et les outils s'activent rapidement. La joie de vivre sera toujours votre plus grand atout et vous permettra de garder le taux vibratoire très haut pendant toute la durée d'un soin énergétique.

Il y a beaucoup d'outils énergétiques et ce n'est pas nécessaire de tout apprendre par cœur. Vous pouvez avoir des petites fiches explicatives pour vous permettre de vous détendre, car souvent les gens craignent de se tromper et de ne pas demander la bonne chose. Ce que vous devez savoir c'est qu'un outil énergétique ne peut jamais faire de tort à quelqu'un. Si ce n'est pas le bon outil dont vous avez besoin, il ne s'activera tout simplement pas.

J'ai eu des milliers d'heures d'expérimentation et je peux vous dire que je ne demandais pas toujours le bon outil énergétique, lorsque ça se produisait, je savais que les Spécialistes d'Atlantide étaient à côté de moi se tenant les bras croisés avec un petit sourire. Ils voulaient me faire comprendre que ce n'était pas tout à fait ce dont la personne avait besoin. Je me reprenais tout simplement et je poursuivais le soin que j'étais en train de faire.

Ils ont beaucoup rigolé avec moi, car je ne mémorisais pas tous les outils. Au tout début, très souvent je donnais une explication à propos d'une activation du genre : « le bidule qui retire les implants ou le petit truc qui fixe l'information ». Le but n'était pas que je sature ma mémoire de toutes ces informations mais que de fil en aiguille, j'arrive à comprendre la logique du corps physique et de tous ces outils énergétiques précieux.

Vous n'imaginez même pas les fous rires que j'ai eus pendant toutes ces expériences. Même si je savais que c'était sérieux, il se produisait des phénomènes tels, que je ne pouvais croire qu'ils puissent exister. Un jour, alors que je faisais un soin énergétique à une amie, elle me raconta qu'elle n'arrivait pas à s'ancrer à la Terre, qu'elle avait l'impression de flotter. Lorsque j'ai mis ma conscience sur ses pieds, j'ai vu une image de vie passée où elle était accrochée à un mur, ses petits pieds qui bougeaient dans tous les sens. Cette expérience m'a fait rigoler. J'ai demandé à son âme ce que je devais faire et j'ai suivi les consignes. Lorsque j'ai eu terminé, elle était de nouveau bien ancrée à la Terre et la sensation de flotter avait disparu.

C'est magique tout cela? C'est ce que je croyais mais c'est seulement logique et non magique. Puisque vous avez un aspect ou une partie de vous qui a pris la poudre d'escampette pour aller dans un autre plan vibratoire ou une réalité parallèle, vous ressentirez un vide à l'intérieur et vous aurez l'impression que vous n'êtes pas totalement présent à vous. Vous aurez l'impression d'être dispersé et ce sera le cas.

Un jour, j'étais à Paris et j'attendais ma cliente dans une pièce mesurant environ vingt mètres carrés. Dès son arrivée, elle est venue s'asseoir sur la chaise en face de moi et bizarrement, je la voyais debout à l'entrée de la porte en simultané. Je lui ai demandé si cela lui arrivait souvent d'avoir l'impression d'être dispersée et elle m'a répondu que c'était l'histoire de sa vie. Il y a aussi les enfants qui tombent brusquement d'un arbre ou tout simplement un bébé qui tombe sur ses fesses et qui fait le saut au même instant. Ces phénomènes se produisent souvent également lors d'un accident. Les corps de lumière se séparent et ne se rassemblent pas par la suite. La personne concernée aura l'impression « de ne pas vivre sa vie » mais de la subir ou la regarder passer sans en être l'acteur principal.

La communication avec l'âme

Travailler en conscience avec ces êtres de lumière est probablement ce que j'ai découvert de plus merveilleux. J'ai tout de même effectué beaucoup de tests. Parfois, je posais la même question de différentes façons pour voir si les réponses changeraient. La seule chose qui se modifiait était la réponse de mon âme qui me disait : « Tu peux poser ta question de plusieurs manières, la réponse sera toujours la même ». C'est vraiment génial de savoir que notre âme sait tout de nous et de ce que nous avons dû traverser sur notre chemin de vie. Elle connaît toutes les possibilités inimaginables qu'il nous sera possible d'expérimenter selon les choix que nous ferons. Rien n'est jamais coulé dans le béton, tout est flexible et malléable.

J'ai eu besoin de comprendre la manière dont mon âme communiquait avec moi, car je ne voyais rien, ne ressentais rien et n'entendais rien. Je savais, tout simplement. Cela ne me suffisait pas, car j'avais à transmettre ces enseignements et travailler avec l'invisible ne s'avérait pas toujours simple. Je ressentais le besoin d'obtenir des confirmations et à de nombreuses reprises il m'a été moins facile de faire confiance à ce savoir qui semblait pourtant être une évidence.

J'ai donc demandé à mon âme de communiquer avec moi d'une façon différente. À partir de ce moment, ma tête partait physiquement de gauche à droite ou de bas en haut à chaque fois que je posais une question. C'était bien mais pas très pratique car cela se produisait également lorsque je parlais avec un humain. Parfois, ma tête n'arrêtait pas de se balancer et le pire se produisait lorsqu'une personne me mentait. Pour valider, je demandais à cet interlocuteur s'il n'exagérait pas un peu ses paroles. Très souvent, un petit sourire se formait sur le visage de mes clients en signe de confirmation. À ce moment-là, j'ai demandé à mon âme de communiquer avec moi de façon plus discrète et depuis ce jour, l'effet se produit seulement à l'intérieur de ma tête. C'est plus confortable, je dois l'avouer!

Il y a plusieurs façons de communiquer avec notre âme telles que : des couleurs, une expansion ou une ouverture au niveau du cœur, le oui et le non, des frissons, une conversation intérieure. Il ne tient qu'à vous de découvrir la façon choisie pour communiquer avec la vôtre et/ou avec les êtres de lumière.

Il n'est pas nécessaire de vous mettre à genoux pour vous adresser à votre âme ou à un être de lumière. Je vous suggère de toujours vous adresser à eux de la même façon que si vous demandiez un conseil à votre meilleur ami. En gardant la notion de respect pour vous, vous respecterez toutes ces belles consciences lumière qui attendent avec tellement d'amour ces moments où ils vous assisteront, vous guideront ou répondront tout simplement à vos questions.

Je peux vous dire que j'ai posé des milliers de questions et chaque fois, la réponse arrivait dans le moment présent. Je me suis même demandé si un jour ils cesseraient de me répondre, car j'avais acheté l'idée qu'ils seraient blasés de mes questions. Ce n'est jamais le cas et dès qu'une question est posée, une réponse arrive en retour. Vous devez vous demander si vous êtes réellement prêt à recevoir l'information. Beaucoup de personnes disent vouloir recevoir une guidance mais la peur d'être jugé est tellement grande et présente dans toutes les dimensions de l'humain. Très souvent, dans le plus profond de l'être, la notion de mérite résonne très fort et c'est beaucoup plus facile de dire : « Je ne reçois pas d'information ou je n'entends rien » que de dire : « Je crois que je ne mérite pas de recevoir une belle et grande guidance. Et si je ne suis pas suffisamment alignée ou rayonnante d'amour pour moi, vont-ils me répondre quand même? ».

Par expérience, je peux confirmer que la réponse est toujours au rendez-vous. Je vous suggère cependant de ne pas demander si vous n'êtes pas prêt à recevoir la réponse. Je le sais, car je l'ai aussi expérimenté. Lorsqu'on reçoit une réponse qui ne fait pas notre bonheur, il est facile de penser que nous n'avons pas été suffisamment précis, que nous n'étions pas dans un taux vibratoire assez élevé ou que c'est nous qui voulions cette réponse. Je vous suggère ceci : si vous posez une question et que la réponse est un non, alors ne poursuivez pas dans cette direction, car vous n'aimerez pas les résultats. Je vous explique ce qui s'est produit pour moi la dernière fois que je n'ai pas écouté et que j'ai fait le contraire de ce qui m'avait été suggéré.

Nous étions le 26 décembre et je devais me rendre chez une amie. J'ai pris le temps de demander à mon âme si c'était pour mon plus grand bien de partir cette journée-là. Mon âme me répondit que non. Comme il était tôt le matin, je me suis dit que je ne devais pas être très alignée. J'ai pris le temps de me replacer dans mon axe, de bien m'ancrer à la Terre et j'ai posé la même question à nouveau. La réponse n'avait pas changé. J'ai tout de même décidé de partir chez mon amie et tout le long de la route, tout était parfait, rien à signaler. Arrivée chez mon amie, je suis entrée dans la cour et je me suis rendu compte qu'elle était sortie car la porte du garage était ouverte.

J'ai fait marche arrière pour me stationner sur le côté de sa maison et j'ai ressenti quelque chose de bizarre. Je croyais que c'était juste de la glace. J'ai fait plusieurs manœuvres pour avancer et reculer car je n'arrivais pas à bien me stationner. J'ai pesé sur l'accélérateur et un bruit a retenti. Oups! Imaginez-vous donc, qu'en reculant, j'ai plié le petit poteau orange fluo qui délimitait l'entrée de la cour pour le déneigement. Il s'est retrouvé coincé sous ma voiture. Résultat de l'expérience : j'ai eu à défrayer 500$ pour ma voiture car le pare-chocs arrière était endommagé.

Je peux juste vous dire que ce fut la dernière fois que je n'ai pas écouté les consignes de mon âme. Ce n'était pas la première fois que je vivais une expérience vraiment pas agréable mais j'espère sincèrement que c'était la dernière! Tout cela pour vous dire que je voulais tellement partir chez mon amie que ce n'était même pas nécessaire d'en faire la demande à mon âme. Je ne voulais pas entendre la vérité.

Souvenez-vous qu'il est primordial de toujours faire élever le taux vibratoire pour vous assurer d'avoir des réponses justes en provenance de votre âme.

Si vous souhaitez expérimenter cette nouvelle notion, rendez-vous immédiatement à la page : 159, exercice #12.

Bonne découverte! Élévation du taux vibratoire

Comme je vous le nomme depuis le début de votre lecture, j'aimerais tellement qu'en lisant ce livre, vous puissiez porter attention aux cellules qui contiennent l'information d'Atlantide, cela vous permettrait de réveiller celles qui sommeillent en vous. Vous avez le droit de le demander à tout moment à votre âme ainsi que tout se manifeste dans la douceur. Cela sera fait ainsi.

Je vous entends déjà me dire : « comment fait-on pour demander cela?». Sachez que la procédure est très simple et facile.

Voici comment faire : « Je m'adresse à tout mon corps holistique. Je te demande de réveiller toute cette connaissance qui sommeille en moi et qu'elle revienne à ma conscience consciente dans la douceur et dans le respect de qui je suis, ici et maintenant. Merci! ».

Plus vous parlerez à votre corps holistique et plus les informations vous seront dévoilées facilement. Chouette, n'est-ce pas? Je vous demande juste de le faire régulièrement et de lâcher- prise. On ne sait jamais ce qui sera mis devant vos yeux et qui provoquera ces ouvertures de conscience. Cependant, je vous suggère de ne rien demander si vous ne souhaitez pas revoir et/ou revivre des scènes du passé d'une incarnation de votre âme qui aurait vécu en Atlantide. Il est important de se souvenir que cette démarche n'est surtout pas destinée à faire un test. Vous ne pouvez pas demander et par la suite vous rétracter parce que vous réalisez que le résultat se produit vraiment.

Soyez en harmonie avec votre cœur et commencez par demander si c'est pour votre plus grand bien comme vous l'avez si bien fait avant de débuter la lecture de ce livre. Portez maintenant l'attention à l'intérieur de vous. Si une expansion ou une forme d'ouverture se produit alors la réponse sera positive. Je vous suggère de pratiquer afin de mieux saisir ce que signifie un

« oui » et ce qui représente un « non » de la part de votre âme. La meilleure façon de le découvrir est de poser des questions courtes et directes.

Voici quelques exemples pour vous guider :

« Je m'adresse à mon âme : est-ce que je suis une femme? »

« Je m'adresse à mon âme : est-ce que je suis un crocodile? »

« Je m'adresse à mon âme : est-ce que mon anniversaire est en novembre? »

« Je m'adresse à mon âme : est-ce que j'ai 5 enfants d'âge mineur? »

« Je m'adresse à mon âme : est-ce que mes yeux sont verts? »

« Je m'adresse à mon âme : est-ce que je possède une maison à la campagne? »

Je vous suggère de dresser votre propre liste de questions et naturellement, assurez-vous que votre taux vibratoire soit très élevé pour effectuer ces exercices afin que vos réponses soient précises. Si vous préférez vous adresser à un guide, un archange ou votre cœur, n'hésitez pas à le faire. Les réponses vous arriveront de la même manière. Plus vous pratiquerez et plus vous prendrez plaisir à développer votre communication avec l'invisible.

La loi du retour et les outils sacrés

Quand j'allais en Atlantide pour comprendre le fonctionnement du corps physique ou que je partais à la découverte des appareils, à chaque fois, ma conscience était dirigée vers ce dont j'avais besoin dans le moment présent. Dès que j'avais reçu l'enseignement ou l'information, je devais revenir dans mon ici et maintenant. Parfois, c'était frustrant car j'avais entrevu des nouveaux outils énergétiques et comme je suis très curieuse de nature, j'aurais aimé savoir à quoi ils servaient. Je peux vous dire que cela ne fonctionne pas de cette façon. On ne peut pas juste être là-bas pour y être, cela requiert une bonne raison. Il n'y a pas de place pour la flânerie, alors si vous partez à la découverte d'Atlantide, assurez-vous d'y aller pour une bonne raison, sinon vous ne serez pas autorisé à entrer sur l'île.

Il arrivait que je ne sois pas autorisée à expérimenter car mon taux vibratoire ne le permettait pas. Je savais qu'il me serait toujours possible d'y retourner à un moment plus favorable. Dès que nos pensées commencent à partir dans tous les sens et qu'un manque de concentration se produit, cela fait baisser le taux vibratoire très rapidement.

Lors d'un de mes voyages autorisés, j'ai découvert qu'au temps où l'incarnation passée de mon âme habitait en Atlantide, elle avait mis au point une télécommande à trois claviers. À l'occasion de l'une de mes visites sur l'île, j'ai été amenée dans une salle où se trouvait plusieurs ordinateurs avec de très grands écrans bleutés. L'un des guides qui m'accompagnait (car je ne suis jamais laissée seule) m'expliqua le fonctionnement de cette télécommande. Un écran se trouvait sur la partie supérieure et dès qu'elle était allumée, je pouvais amener l'image d'une personne ou d'une partie du corps physique par ma pensée et selon les boutons que j'enclenchais, je pouvais voir tout le disfonctionnement.

La télécommande servait à reprogrammer, à harmoniser, à dissoudre, à réaligner, à décoincer. J'avais 3 claviers remplis de fonctions différentes pour ramener le corps physique à son état de santé initial. Je trouvais cela très intéressant. Lorsque j'ai demandé si je pouvais l'utiliser dans mes soins, le guide m'a regardée et m'a indiqué que je devais débuter par apprendre le fonctionnement du corps physique. Un jour, j'ai demandé à la personne qui m'accompagnait si elle voulait bien me rapporter la télécommande. Physiquement, j'ai ressenti la télécommande se poser dans ma main. L'objet était évidemment énergétique.

Dans les jours qui ont suivi, j'étais tellement contente de pouvoir partager cette nouvelle technologie. À partir de ce moment, il y avait presque toujours quelqu'un souhaitant se l'approprier. Ce n'était pas très cool, je l'ai donc retournée en Atlantide pour qu'elle soit en sécurité. Cette expérience m'a permis de comprendre ce que le guide voulait m'enseigner lorsqu'il m'a demandé de débuter par apprendre le fonctionnement du corps avant de pouvoir utiliser la télécommande. Il ne blaguait pas et je peux vous confirmer qu'ils ne blaguent jamais en Atlantide. En d'autres termes, j'avais fait le choix de ne pas prendre au sérieux les paroles du guide et j'ai reçu le retour qui allait avec le non-respect de la consigne demandée. Souvenez-vous de la loi de cause à effet mentionné plus tôt dans ce livre.

Chapitre 2:
Mon apprentissage

Au cours de mon apprentissage, j'ai pris conscience de l'ordre juste et parfait des choses. Le corps physique est très complexe et j'ai découvert que lorsqu'une partie du corps est malade, c'est tout le corps qui est malade d'une certaine façon.

J'ai passé des centaines et des centaines d'heures à expérimenter, à comprendre et surtout à me souvenir des fonctionnalités des cerveaux. Ces derniers sont très complexes et comme ils régissent tout le corps holistique, c'était important pour moi de tout prendre en compte. J'ai constaté que je n'avais pas besoin de posséder l'entièreté des connaissances portant sur l'anatomie et/ou la physiologie du corps humain pour réussir. J'avais seulement besoin d'avoir une idée d'ensemble. Heureusement, car c'est vraiment très compliqué.

Il existe également une trame autour de chaque partie de l'anatomie. Elle est représentée par une sphère quadrillée et lorsqu'une partie du corps est malade, la trame de cette dernière en est marquée. Souvent nous allons voir de petits segments plus noirs ou manquants. Il nous faut donc prendre en considération beaucoup de choses avant d'arriver à la reconstitution vibratoire.

Le corps physique comprend également plusieurs corps de lumière qui l'entourent telle une poupée russe. Parmi ces corps de lumière, on retrouve le corps alphanumérique. Dans ce dernier, sont inscrits les codes sources de chaque partie de l'anatomie. Un code source contient plusieurs chiffres et lorsqu'une partie du corps est malade, les chiffres s'éteignent les uns après les autres. Il nous faut donc faire en sorte de réinitialiser les codes sources. Petite précision : tout ce que j'écris au niveau de la connaissance énergétique, les Atlantes apprenaient tout cela pendant leurs études dans le domaine médical. Pour eux, le physique et l'énergétique étaient indissociables.

Vous devez bien réaliser à présent qu'avant de se lancer dans les soins énergétiques, il est important de savoir ce que l'on fait. Nous devons agir en conscience et se demander ce qui est juste et bon de faire avant de passer à l'acte au lieu de réfléchir seulement après avoir agi. On ne peut pas s'improviser maître de ceci ou de cela après avoir suivi une formation de quelques jours. C'est un peu absurde car il y a tellement à se souvenir, à comprendre et à expérimenter sur soi avant de développer les compétences nécessaires pour offrir des soins aux autres.

Soyez toujours très vigilant pour éviter de tomber dans le piège qui vous sera tendu en pensant que vous êtes mieux que les autres. Vous serez toujours la personne la plus importante qui existe sur la Terre mais dans votre propre vie seulement. Cela s'applique évidemment pour tous les autres êtres humains. Prendre un peu de recul sera toujours de rigueur et ce, tout au long de votre parcours d'ouverture de conscience.

Ce que j'ai compris lors de mon apprentissage avec les Atlantes, c'est que tout ce qui existe au niveau physique, existe également au niveau énergétique. La seule différence, c'est qu'au niveau énergétique, il n'y a aucun effet secondaire et vous ne pouvez pas trop recevoir non plus. Le corps est d'une intelligence tellement extrême. Lorsqu'on fait et refait un exercice, les libérations s'effectuent couche par couche. Souvenez-vous qu'aussi longtemps que la source initiale n'est pas reconnue, acceptée et libérée, les outils énergétiques agiront encore et encore. Cependant, lorsqu'il n'y a plus rien à libérer pour un même sujet, les outils cesseront tout simplement de s'activer. Le plus drôle, c'est de voir les Spécialistes qui sont juste à côté de nous, en attente de voir ce que nous allons faire, comprendre et surtout leur demander. Ils sont toujours prêts et disponibles pour nous, 24h/24.

Pour expérimenter tous ces outils sacrés, j'ai dû vivre de nombreuses expériences pas très agréables et souvent incompréhensibles à mes yeux d'humaine « standard ». C'est grâce à celles-ci que je suis en mesure de vous transmettre tous ces précieux enseignements avec une confiance absolue.

Lorsque j'ai commencé à les utiliser, une partie de moi savait exactement ce qu'elle faisait et une autre se demandait si je n'étais pas un peu perturbée dans ma tête. J'ai suivi les consignes malgré tout. Jour après jour, de nouveaux outils énergétiques arrivaient à ma conscience et je les utilisais sans avoir aucun doute.

Chaque fois, cette nouvelle petite merveille était adaptée à la personne qui recevait un soin énergétique. Ça me rendait très joyeuse et fière à l'intérieur. J'avoue que je ne le laissais pas trop paraître car ma plus grande appréhension était de me retrouver perchée sur un nuage, à croire que j'étais mieux que les autres. J'ai demandé pendant des années à mes guides de s'assurer que j'avais bien les pieds sur Terre. À chaque fois la réponse était la même : « ne t'inquiète pas, cela ne va pas se produire ». C'était rassurant et en même temps, une partie de moi demeurait très vigilante.

Ce que je trouve plutôt rigolo, c'est qu'à chaque fois que je fais un soin et qu'un nouvel outil énergétique se présente à moi, je sais instantanément à quoi il sert et comment il se nomme. Ils ont tous un nom. Cependant, ce ne sont pas tous des mots qui existent dans notre dictionnaire. Je dois garder le nom qui m'a été transmis intact car chaque outil possède une vibration puissante et spécifique.

Au début, lorsque j'ai débuté les soins énergétiques et que je recevais différents outils sacrés à utiliser pour retirer un implant, une mémoire physique, une charge émotionnelle ou des mémoires de magie ou de sorcellerie, je savais exactement ce que je devais demander. Dès que j'avais terminé, les personnes me disaient : « c'est impressionnant, car je n'ai plus aucune douleur » ou « j'arrive à bouger mon bras » ou « je me sens vraiment léger à l'intérieur ». Pour moi, c'était fait sans le moindre doute, comme si j'avais fait cela toute ma vie. Plus le temps passait et plus je recevais de nouveaux trésors. De fil en aiguille, j'ai débuté à transmettre ces enseignements qui me passionnaient.

J'ai beaucoup expérimenté et aujourd'hui je suis toujours aussi fascinée lorsque je découvre quelque chose de nouveau. Je dois avouer que c'est palpitant mais cela implique aussi que je doive refaire des libérations et encore des libérations. Cette partie n'est pas toujours agréable. Cela ne me fait aucunement mal physiquement mais au niveau de mon moral, parfois j'en ai un petit peu marre de l'éternel recommencement, non pas que les outils énergétiques ne fonctionnent pas mais des voiles nouveaux se lèvent et derrière ceux-ci, des mémoires, des empreintes et des traces du passé y sont encore inscrits.

À ce sujet, j'ai tout de même demandé à mes guides pourquoi ils ne m'avaient pas tout montré dès le départ. Cela aurait été beaucoup plus simple et facile pour moi. Enfin, c'est ce que je croyais mais ils m'ont dit que je n'aurais jamais développé la persévérance comme je l'ai fait. J'accepte et je le reconnais mais si je compare les outils énergétiques du début et ceux d'aujourd'hui, ils sont très différents. Cependant, j'utilise toujours les outils de base que j'avais reçus il y a plus de dix-huit ans et ils sont encore aussi précieux pour moi. C'est surtout au niveau de la connaissance de la constitution du corps holistique que j'aurais vraiment apprécié avoir un cours complet dès le départ. Comme vous devez bien l'imaginer, la patience n'est pas ma meilleure amie, mais j'ai fait beaucoup de progrès au fil du temps.

Le seul moment où ma patience est illimitée, c'est lorsque j'enseigne ou que je fais un soin énergétique. Je peux utiliser plusieurs façons différentes pour répondre à une question et ce, aussi longtemps que la personne n'a pas compris. Je ne prétends pas connaître la vérité d'autrui, mais ce que je reçois est juste. Je transmets tout simplement l'information dans la plus grande simplicité. Je dois seulement trouver la façon adéquate pour éviter de blesser la personne, tout en lui transmettant les messages que je reçois.

En visitant Atlantide, j'ai découvert que tout ce que je savais, tout ce que je faisais lors d'un soin énergétique, une incarnation passée de mon âme l'avait déjà étudié et approfondi pendant des années. Cette incarnation était plus que passionnée par la découverte du fonctionnement du corps humain. En compagnie des autres chercheurs et scientifiques, nous avons réussi à décortiquer les différentes dimensions de chaque partie de l'anatomie au niveau physique, mental, émotionnel, spirituel et au niveau de la conscience d'amour infini. D'ailleurs concernant la dimension de la conscience d'amour infini, je n'ai toujours pas découvert un seul disfonctionnement, énergie disqualifiée, implant ou mémoire physique à ce niveau. C'est exceptionnel!

J'ai peaufiné mon expérience en passant un nombre incalculable d'heures à explorer les dimensions énergétiques du corps holistique, j'ai fait des libérations, des réparations et des opérations. Ce qui me fascine toujours autant est le fait que toutes ces expériences se font de façon totalement naturelle, comme si c'était inné. J'ai découvert que dans le moment présent, je sais toujours ce que je dois faire, comment je dois m'y prendre et quels outils énergétiques utiliser.

Des centaines de personnes ont traversé ma route et ont reçu les enseignements à propos des outils énergétiques. J'ai écrit et transmis plus de 19 formations différentes. Je sais que ces personnes ont toutes eu des résultats beaucoup plus importants dans leur pratique car elles utilisaient ces outils sacrés. Enfin, ceux et celles qui ont osé s'en servir car tous ces outils demandent d'utiliser notre voix et de demander pour recevoir. Même en 2024, beaucoup d'entre elles n'ont pas osé faire ce choix par peur du jugement. Tout est parfait car ces personnes savent que le jour où elles le souhaiteront, les outils seront toujours disponibles.

J'aimerais bien être présente pour voir vos premières expériences. C'est toujours très drôle de voir les visages, car tout le monde ou presque a le même fonctionnement. Ils regardent tout autour d'eux pour s'assurer qu'ils sont seuls. Ils prennent de grandes respirations. Ils commencent par demander l'autorisation et dès ce moment précis, la voix change, l'inquiétude monte en eux et ils commencent à avoir chaud. Souvent, ils remettent à plus tard en se disant que ce sont sûrement des conneries tout cela. Les jours passent et une petite voix les ramènent à la petite procédure qui est super facile à réaliser.

Vous devez savoir que peu importe ce que vous souhaitez apprendre, aussi longtemps que vous n'expérimenterez pas, vous ne parviendrez pas à savoir si oui ou non vous avez ce super pouvoir créateur en vous. Choisissez de faire de l'expérience votre meilleure amie et plus vous y mettrez de la joie et plus vous serez émerveillé devant les résultats.

Je vous suggère d'utiliser votre voix et non pas de chuchoter. Parlez avec détermination et vous apprendrez rapidement à faire bouger l'énergie intensément. Vous avez la possibilité de parler dans votre tête et sachez que pour certaines personnes cela fonctionne très bien. Cependant, assurez-vous d'être bien concentré sur ce que vous faites, car si vous pensez à autre chose, l'énergie sera dispersée et cela n'aura pas le même impact positif.

Faites de petits exercices pour commencer et ensuite ajoutez des éléments graduellement. Pour ceux et celles qui croient qu'ils n'ont pas de temps libre pour s'occuper d'eux-mêmes, je vous suggère d'expérimenter lorsque vous faites votre toilette. Placez-vous devant le miroir et en vous brossant les dents, commencez par vous regarder dans les yeux. Offrez-vous un très beau sourire. En portant attention à vos yeux, vous verrez qu'ils brillent plus fort et qu'ils sont très sensibles à tout ce que vous dites. Parfois, vous aurez l'impression qu'ils grandissent et au fil des jours, vous découvrirez que ce n'est pas une impression mais que ça se produit réellement.

Plus vous parlerez à votre corps physique avec gentillesse et douceur et plus les traits de votre visage réagiront rapidement. Lorsque vous réaliserez que tout est inscrit dans vos yeux alors vous les regarderez différemment. Ceux-ci sont remplis de voiles énergétiques qui contiennent tous les souvenirs de ce que vous avez vu et qui vous a marqué. Vous devez à présent comprendre que ce n'est pas un hasard si la vue baisse avec le temps.

Ce qui est moins agréable pour moi, c'est que mon corps réagit à tout et tout de suite. Je n'ai pas la possibilité de dire ou de penser à quelque chose sans que j'aie une réaction directe lorsque je ne suis pas alignée avec la reconnaissance, la fierté et la valorisation de tout mon être.

Vous devez bien vous imaginer que ce n'est pas toujours très rigolo, car je parle beaucoup. Même si je suis à enseigner et que j'utilise des mots ou des expressions pour faire comprendre la loi de cause à effet, mon corps ne fait pas la différence. J'ai donc besoin de faire beaucoup de libérations et de parler à mon véhicule de transport terrestre très souvent, si je veux qu'il soit bien aligné. Parfois, je l'oublie tout simplement et cela prend un certain temps avant que je comprenne à quoi il a réagi. On ne peut pas mentir à son corps holistique alors vous devez bien comprendre que le moins de mots vous utiliserez et ce, dans une justesse absolue, plus vous aurez une belle énergie. Votre corps physique en sera très heureux.

Dès qu'une émotion monte en vous, cette dernière intensifiera le retour de ce que vous venez de dire ou de penser. Je vous suggère d'apprendre à rire à l'intérieur ainsi qu'à faire vibrer la joie et vous verrez que le retour sera beaucoup plus agréable. Ce n'est pas évident mais le but est de retrouver votre pouvoir créateur et plus vous prendrez conscience des mots que vous utilisez et plus votre corps physique gardera sa santé holistique. Cela signifie dans toutes ces compositions émotionnelle, physique, psychologique et énergétique.

Apprendre à retrouver son pouvoir personnel d'amour pour soi, comprendre le fonctionnement du corps holistique et oser faire ses propres expériences, restera pour moi la plus grande aventure. N'allez pas croire que tout fonctionne du premier coup à chaque fois, car ce ne serait pas la vérité. Parfois, ce que je demande ne tient pas la route alors je me dois de repenser à ce que j'avais nommé et de reformuler adéquatement. C'est la raison principale pour laquelle je préconise de parler à voix haute. De cette façon, vous allez vous entendre. Soyez toujours précis et je vous suggère d'aller droit au but pour ne pas vous perdre dans vos demandes.

Il est également important que je vous précise que la plupart du temps, les êtres qui font le choix d'un retour à soi, dans un parcours d'éveil de conscience vont croire que c'est une bonne chose de mettre des couches de protection autour d'eux. Il y a vingt ans, c'était vraiment l'idéal.

Aujourd'hui, il est impératif de comprendre que toutes ces protections provoquent un enfermement voire un emprisonnement. Il est donc important de se souvenir que c'est l'amour pour vous qui sera toujours votre plus grande protection.

Cette vibration d'amour n'est pas une émotion mais un état d'âme qui se doit de vibrer à partir de votre cœur et d'émaner dans toutes les dimensions de votre Être holistique.

Lorsque j'ai débuté les soins avec les outils énergétiques, je savais que je connaissais cette science mais je ne savais pas comment j'avais appris tout cela, car dans cette présente vie, j'ai fait des études mais pas dans ce milieu. Lorsque j'ai demandé comment se manifestait un outil énergétique, les Guides Atlantes m'ont expliqué qu'à la base, il est important de comprendre la vibration de la vie en toute chose. Je vous confirme que j'avais les oreilles grandes ouvertes, car je me demandais vraiment ce qu'ils allaient me raconter.

Voici ce qu'ils m'ont expliqué. La vibration de la vie en toute chose est cette même vibration qui fait partie du grand Tout. Elle possède des caractéristiques qui entrent dans la constitution de tout ce qui existe. Lorsque nous manifestons un outil, nous associons cette vibration à la fréquence première d'un système, d'un organe, d'un globule ou d'une molécule, selon le besoin de guérison. Par la suite, nous rassemblons l'énergie du plan de la manifestation universelle et nous les fusionnons à cette vibration.

Ces outils ont été manifestés sur une longue période, car les problématiques sont semblables à la base mais différentes dans l'ensemble. Les expériences ont été nombreuses avant que l'outil qui correspondait totalement au besoin soit scellé et protégé.

Selon le lâcher-prise de la personne, les outils répondront plus ou moins rapidement. L'état d'âme, le taux vibratoire de la personne à traiter ainsi que le lieu où se trouve celle-ci auront un impact direct. C'est la raison principale de ma mise en garde. Je vous réitère de toujours vous assurer de travailler dans un taux vibratoire très élevé et que la joie soit présente pendant le soin.

Au fil du temps, j'ai compris qu'en combinant les outils énergétiques et la communication avec mon corps physique, les résultats étaient toujours très surprenants et plus importants. Comme j'ai presque toujours voulu comprendre les choses, j'ai tellement posé de questions et parfois, les réponses ne me convenaient pas, alors je posais mes questions de façon différente. Vous ne pouvez même pas vous imaginer combien de fois j'ai transformé mes questions et un jour, mon âme m'a répondu : « Tu peux poser autant de fois la même question de façons différentes, la réponse demeurera la même ». Je crois que j'avais besoin d'entendre cette réponse pour que la foi soit absolue en moi.

Donc, à partir du moment où tout s'est installé en alignement parfais avec la vérité de mon coeur, je savais que ce que je recevais était juste et que je pouvais transmettre les informations.

Si vous souhaitez expérimenter cette nouvelle notion, rendez-vous immédiatement à la page : 160, exercice #13.

Bonne découverte! Comprendre et honorer la vérité de son cœur

Chapitre 3:
Les soins énergétiques
et les outils sacrés d'Atlantide

En même temps que je débutais à canaliser et à recevoir de nombreuses informations de mes guides, j'ai également commencé à recevoir la connaissance des outils énergétiques sacrés. Voici ce que j'ai reçu comme enseignement au tout début lorsque j'ai fait ce changement au niveau de mon âme. Mes guides m'ont dit ceci :

« À partir de maintenant, il sera important pour toutes les interventions que tu feras dans l'énergie, que ce soit fait dans un taux vibratoire très élevé afin que les interventions soient justes et parfaites. Invite toujours le plan Archangélique à se présenter à toi, demande qu'il élève le taux vibratoire de tout ton être holistique, de ton lieu de vie ainsi que pour la personne et son lieu de vie. Demande également l'ouverture d'un grand puits de lumière au-dessus de toi, de ton lieu de vie ainsi que pour la personne et son lieu de vie afin que tout ce qui est disqualifié retourne à la lumière. Il est important de te souvenir, que ce n'est pas approprié de tout retourner à la Terre, car cela provoque des tempêtes, des ouragans ainsi que des éruptions volcaniques ».

Quand on y pense, il est vrai que la Terre possède énormément d'eau et que cette dernière représente l'émotionnel. Si nous lui transmettons toute la colère, la haine, la jalousie, l'envie et j'en passe, il est évident qu'un jour où l'autre, Gaïa va l'expulser.

Les racines de lumière et les plateformes

Dès mes débuts, j'ai compris que peu importait le client qui se trouvait devant moi, je devais débuter mon soin par l'ancrage à la Terre. Tous les êtres humains possèdent des racines de lumière. Il y a celles humaines, divines, masculines et féminines dont je tenais compte lors de mes consultations. Je devais vérifier leur structure énergétique car souvent on y retrouvait des failles et parfois leurs racines étaient presque inexistantes. Ceux dont l'ancrage était le plus affaibli avaient presque tous le même point en commun : la relation à la mère. Que ce soit leur mère, la mère en soi, la mère qui les a élevé ou abandonné.

Le moins agréable à expérimenter pour ces personnes, c'est qu'un jour où l'autre leurs racines vont devenir presqu'inexistantes. C'est à travers l'ancrage à la Terre que nous nourrissons les articulations du corps holistique. Résultat à prévoir : arthrite, arthrose et ou fibromyalgie. Ce sont tous des symptômes très douloureux et difficiles à supporter.

Pour que les résultats du soin soient concluants, il était impératif pour moi d'apporter à la conscience de mes clients qu'ils se devaient d'accepter et reconnaître tout ce qui avait été vécu dans leur relation mère-enfant.

Parfois, j'apercevais des plateformes qui traversaient les racines à l'horizontale ou en diagonale. La source initiale de ces plateformes était reliée à une forme de dépendance. Selon la personne à qui j'offrais le soin, il arrivait que je découvre que les **plateformes** appartenaient à la généalogie. C'était fou de voir des bouteilles d'alcool ou une petite montagne de chocolat dans l'énergie. Je prenais toujours le temps de valider auprès d'eux à savoir si ce que je voyais était une réalité dans leur vie ou non. Je peux vous confirmer que très souvent les gens me souriaient en guise de réponse positive!

Saviez-vous que l'enfant qui n'a pas été aimé, accueilli, reconnu et traité comme le plus grand des trésors par sa maman étant jeune, finira par se convaincre que si sa propre maman ne l'aimait pas, alors il ne mérite pas d'être aimé par Gaïa, la mère Terre. Ceci aura comme impact qu'il ne trouvera pas facilement sa place sur la Terre et ne s'y ancrera pas aisément non plus. Il me fallait donc trouver une façon de faire prendre conscience à mes clients de ce processus afin que je puisse ancrer profondément leurs racines de lumière et qu'elles deviennent très puissantes, vibrantes et très lumineuses.

Pour y parvenir, je demandais tout simplement à faire déverser la **chute de cristal pur d'Atlantide** sur toutes les racines pour les dissoudre totalement. Puis, je demandais à Gaïa d'en reconstituer de nouvelles. Très souvent, à la suite de cette intervention les gens avaient l'impression que leurs pieds entraient dans le plancher et qu'ils devenaient très lourds. C'était important pour moi que cela se produise de cette façon car ceci validait mon travail et le rendait tangible dans la matière pour eux.

Les non-dits

Par la suite, je prenais le temps d'observer les non-dits. Vous savez tout ce que vous n'osez pas dire par peur d'être rejeté, abandonné, ignoré et j'en passe. Sachez que tous ces non-dits se logent dans votre canal de la parole sacrée et toute la charge émotionnelle qu'ils contiennent se compacte au niveau de votre mâchoire. Mon outil de travail principal étant ma voix, j'ai appris à demander à voix haute et ainsi à recevoir tout ce dont j'avais besoin pour prodiguer ces soins énergétiques. Il était important également que la personne entende la procédure pour éviter les mauvaises surprises.

Ce qui était moins agréable pour moi, c'était l'empathie. Très souvent je me mettais à tousser, car c'était vraiment très lourd à ce niveau et je le ressentais dans ma gorge. Je libérais donc très rapidement ces non-dits en activant les **spirales éjectrices interstellaires**. Elles ont été conçues spécialement pour faire ces libérations. Parfois, je devais demander qu'elles s'activent à la puissance 3 ou 4. C'était encore plus puissant mais toujours très doux à la fois pour l'humain.

Je me suis souvenue très rapidement que lorsqu'on libère quelque chose, on retrouve souvent des mémoires cellulaires, des empreintes, des traces, des ombres etc. Il me fallait donc m'assurer que tout ce qui était disqualifié retournerait à la lumière. C'est en faisant déverser les **baumes turquoise, écarlate, violet, orangé, argenté, du passé, de Dieu et de diamant** que tout se libérait totalement. Puisque le corps était marqué et pour que le processus de régénération cellulaire et moléculaire s'active, il me fallait déverser les **baumes doré, rosé et flamme violette** après chaque libération.

Vous pouvez imaginer que cela faisait beaucoup de choses à me souvenir, mais jour après jour, les informations revenaient à ma mémoire et c'était devenu naturel pour moi de les utiliser à chaque soin énergétique. Il n'y avait pas de limitation ni de restriction.

Toutefois, la logique se devait d'être continuellement au rendez-vous. Je n'ai pas étudié la science du corps physique dans cette présente vie, toutefois lorsque je faisais un soin, ma mémoire consciente réactivait les connaissances dont j'avais besoin instantanément.

Je posais beaucoup de questions dans l'énergie car trop souvent les clients n'osaient pas me nommer la raison qui les amenaient à me consulter. Je peux comprendre qu'une personne qui a été abusée, battue ou violée puisse ne pas trouver facile de discuter de ces sujets. Je recevais pourtant l'information et c'était à moi de trouver la façon adéquate d'en parler à mon client. L'énergie de la peur, de la honte, du dégoût vibrait encore en ces personnes ainsi que celle de la culpabilité qui prenait une grande place émotionnellement en eux. Je ne pouvais pas omettre la transmission de ces précieuses informations que je recevais. Comme l'émotionnel est la source de beaucoup de pathologies, si les gens veulent vraiment se guérir alors il est important pour moi d'en discuter ouvertement et avec authenticité avec eux. Les libérations puissantes pouvaient s'ensuivre grâce à cette nouvelle compréhension.

N'allez surtout pas croire que mes visions étaient toujours justes à 100% et que les gens me disaient : « c'est exactement ce que j'ai vécu avec mon père ou mon conjoint ou ma mère ou un oncle ». Ce n'est pas la vérité. Néanmoins, ils acquiesçaient très souvent du regard ou de la tête. Par la suite, pour permettre la libération, j'utilisais les **spirales éjectrices émotionnelles** en spécifiant la source à transmuter telle que la colère, l'angoisse, la honte, la culpabilité, le regret, etc. Je leur demandais d'accepter et de reconnaître que tout le temps passé à se remémorer les expériences pas faciles du passé ont de plus en plus comprimé en eux les émotions reliées à cet événement. Je les invitais à respirer profondément et à laisser partir complètement ces émotions. Cette intervention ne changeait pas leurs histoires passées mais cela leur permettait de ne plus ressentir et alimenter ces souvenirs douloureux. Cela pouvait prendre plusieurs rencontres pour ceux et celles qui vivaient dans le déni. C'est souvent plus long car ils ne veulent pas se rappeler de certains événements douloureux et c'est tout à fait naturel.

Saviez-vous que le corps physique est conçu de telle sorte qu'avant de ressentir un malaise, une blessure ou une maladie dans celui-ci, l'impact se loge dans les **corps de lumière?** C'est seulement lorsque ces derniers arrivent à saturation que cela s'installe au niveau physique. Ce qui nous ramène à dire que nous avons intérêt à nous occuper de nos **corps de lumière** et surtout de faire les libérations émotionnelles le plus souvent possible. Cela prendra environ 1 minute de votre temps terrestre. Le plus long est de demander, car tout se fait à l'instant même.

Les mémoires physiques

Les Spécialistes m'ont fait découvrir les « **mémoires physiques** » presqu'au tout début. Vous devez bien vous imaginer que je n'avais aucune idée de ce que ça pouvait bien vouloir dire. Voilà ce qu'ils m'ont expliqué.

Une **mémoire physique** est la manière dont une incarnation passée est décédée. Si elle a reçu une lance, un poignard, une flèche, une bombe ou une dague dans le dos et que cela a provoqué sa mort, dans cette présente vie, la mémoire peut se réactiver. Par exemple, si cette personne vit plusieurs expériences où la trahison est présente, l'une de ses mémoires peut se réveiller et la douleur sera aussi intense que si elle la vivait physiquement. Aussi longtemps qu'elle sera présente dans l'énergie, la douleur demeurera.

J'ai commencé à recevoir des clients ayant des douleurs fantômes au niveau des omoplates. Certains ne pouvaient plus lever le bras très haut car la souffrance était trop forte. En les questionnant, j'ai rapidement constaté qu'ils avaient tous vécu des situations de trahison et ce, à plusieurs reprises. Au début, les **mémoires physiques** étaient vraiment très longues à libérer car je devais procéder d'étape en étape, en utilisant des rayons lasers, des huiles, des baumes. Je devais également ouvrir l'espace où était située la mémoire pour retirer les résidus de sang séché ou de métal, selon ce qui se présentait.

Ce n'était pas très amusant car cela prenait vraiment beaucoup de temps. J'ai expérimenté de cette façon les libérations pendant plusieurs années avant d'apprendre comment les retirer en quelques secondes. Ce que je trouvais le plus génial était le fait que mes clients n'avaient plus aucune douleur après le soin. Tout avait disparu, comme par magie.

Des **mémoires physiques**, il y en a beaucoup. Les plus populaires sont : le harnais d'esclavage sur les épaules, les boulets et chaînes aux chevilles, des jambes de bois, les casques sur la tête, naturellement les flèches dans le dos, des bras et mains coupés incluant tout ce dont je vous ai fait mention au niveau des omoplates. Très honnêtement, il n'y a plus rien qui me surprend. Donc, si vous avez des douleurs au niveau des omoplates, la question à vous poser est la suivante : « est-ce qu'il y a une mémoire physique active en moi? ».

Voici l'histoire de ma première libération de mémoire physique. Une dame est venue chez moi pour recevoir un soin énergétique. Elle était convaincue que je n'allais pas croire son ressenti. Selon elle, il y avait un gros trou au milieu de son ventre et elle arrivait même à sentir l'air qui passait à travers ce trou. J'écoutais attentivement ce qu'elle me disait et soudain, j'ai vu une scène qui s'était déroulée lors d'une guerre. La personne était décédée d'un boulet de canon reçu dans le ventre. J'ai tendance à rigoler à voir ces scènes car au premier abord c'est beaucoup d'imagination n'est-ce pas?

Je lui ai immédiatement partagé ma vision. J'ai utilisé mes outils énergétiques pour retirer la mémoire physique de son ventre et à l'aide de différents baumes, j'ai refermé le trou dans l'abdomen. Immédiatement, la sensation est disparue et n'est jamais revenue. Cette dame était tellement heureuse de ne plus sentir le vent à travers elle. Heureusement que j'avais mes outils énergétiques!

Sas d'incompression du temps, couloir du temps et espace-temps

Il est important de toujours prendre en compte la charge émotionnelle qui a été enfermée, refoulée, niée et parfois occultée. Il n'y aurait jamais de disfonctionnement au niveau de la santé si l'émotionnel destructeur n'existait pas. Par exemple, la culpabilité, le rejet, l'abandon, l'amertume et celle qui est la plus destructrice, la mort. Il est essentiel de toujours libérer l'émotionnel provenant du passé si vous souhaitez obtenir de bons résultats.

Et ce n'est pas tout, vous savez lorsque nous regardons avec nos yeux physiques, nous voyons un corps tout simplement. Toutefois, lorsque la connaissance se réveille en nous, plusieurs dimensions et plans vibratoires s'ouvrent et contiennent beaucoup d'informations sur tout ce qui a été expérimenté au niveau de la parole, de la pensée, des expériences, des situations, des émotions et des personnes qui ont participé.

Par exemple, lorsque vous avez un souci au niveau de vos yeux, à la base, il vous faudra observer la vision que vous avez de vous-même pour mesurer l'impact destructeur qui se manifestera sur votre vision de près. De son côté, la crainte du futur telle que la peur de vieillir, de la solitude, de devenir un fardeau pour vos proches, de manquer d'argent, de perdre votre autonomie, aura un impact destructeur sur votre vision de loin. Toutes ces informations seront inscrites dans les différents plans et dimensions vibratoires ou énergétiques, si vous préférez.

En ouvrant ces espaces, vous retrouverez également toutes les images qui vous ont marqué, tout ce que vous souhaitez ne plus jamais voir, tous les regards qui ont été posés sur vous (incluant vos parents et conjoints) ou ceux que vous avez posés sur les autres. Tout ce que vous avez vu dans cette présente vie est bel et bien inscrit.

En plus de tous ces plans et dimensions vibratoires, il existe également les **sas d'incompression du temps**. Lorsqu'on ouvre ce dernier, toute l'histoire de l'œil y est inscrite, par exemple. Il en existe un pour tout ce qui existe. Vous comprendrez qu'une seule rencontre pour recevoir un soin énergétique ne pourra pas vous amener à la libération complète de tout ce qui amène le disfonctionnement d'une partie du corps physique.

Ainsi, si j'ouvre le **sas d'incompression du temps** de votre vie, je découvrirai tout ce que vous avez vécu, dit, fait, pensé, etc. dès la première seconde de votre conception jusqu'à maintenant. Un **couloir du temps** comprend toute l'expérience reliée à un sujet spécifique. Par exemple, en ouvrant le couloir du temps de la colère, je verrai toutes les personnes avec lesquelles vous étiez ainsi que toutes les situations vécues lorsque vous avez généré cette émotion. Un **espace-temps**, c'est moins facile à expliquer. En fait, c'est un espace qui se crée entre les **couloirs du temps**. On peut y retrouver un peu de tout en lien avec les couloirs du temps qui les entourent.

Je me dois de vous expliquer tous ces détails, car lorsque nous faisons un soin énergétique à quelqu'un, si nous n'avons pas la connaissance alors de nombreuses rencontres seront nécessaires avant d'atteindre la source initiale de la problématique. C'est important de comprendre également que lorsque tout s'ouvre dans les 22 plans et dimensions, cela ressemble à une multitude d'autoroutes qui se croisent dans tous les sens. La même énergie reliée à une émotion peut se manifester partout à la fois ou simplement dans certains endroits spécifiques.

Spirales éjectrices

Lorsque j'ai commencé à faire ces soins énergétiques, j'ai appris à utiliser les puissantes spirales que les enfants Atlantes avaient créées. Chacune d'entre elles avait une fonction différente. J'ai réalisé très rapidement qu'à chaque fois que je demandais l'activation de l'une de ces spirales, elle partait toujours du centre de la Terre, traversait les racines de lumière et par la suite tout le corps holistique (corps physique, les centres énergétiques et les corps de lumière).

Ces derniers se trouvent autour du corps physique emboîtés comme une poupée russe. J'étais très surprise d'entendre les gens me demander si c'était normal qu'ils ressentent que cela tourne à l'intérieur d'eux et parfois, comme une toupie. À partir des partages de mes clients, j'ai rapidement appris à faire confiance à mes outils énergétiques.

J'ai ressenti beaucoup de plaisir à découvrir tous ces trésors. Il fut toutefois un temps, où j'ai demandé aux Spécialistes de se calmer un peu. Je trouvais que cela faisait beaucoup d'éléments différents à mémoriser et ils ont encore une fois beaucoup rigolé. C'était leur façon amicale de me faire comprendre que je devais cesser de me mettre autant de pression. Ils m'ont révélé, qu'au fil du temps, ces connaissances s'installeraient naturellement en moi car cela faisait déjà partie des acquis de mon âme. Tout reviendrait à ma conscience consciente le moment venu. En effet, c'est exactement ce qui s'est produit.

Spirale éjectrice émotionnelle personnelle et d'autrui

Lorsque je fais un soin énergétique à quelqu'un, je me dois de libérer tout l'émotionnel qui a été généré et qui se trouve enfermé dans les parties du corps, dans les différents niveaux et plans vibratoires.

Il était donc important que je puisse avoir un outil pour permettre cette libération. J'ai appris à utiliser **la spirale éjectrice émotionnelle personnelle et d'autrui**. Elle s'active à partir du cœur de Gaïa, la Mère Terre. Elle traverse toutes les racines de lumière et remonte dans l'entièreté du corps holistique.

J'ai rapidement compris que j'avais besoin de demander à mes clients de respirer lors de son activation car je ressentais que l'énergie bloquait souvent dans la gorge.

Parfois, nous vivons les émotions d'autrui aussi fortement que si cela nous appartenait. C'est la raison pour laquelle la spirale fonctionne sur l'émotionnel personnel et d'autrui.

Plus je suis précise dans mes demandes et plus les libérations sont puissantes. J'avais l'habitude de dire qu'il ne faut pas faire de soupe aux légumes et tout mélanger car les résultats ne seront pas aussi importants.

Visualisez qu'un jour, en allant chez votre médecin, ce dernier vous parle ouvertement de la charge émotionnelle de colère qui est compressée derrière votre estomac provoquant des brûlements dans votre abdomen.

Imaginez maintenant qu'il vous demande d'accepter et de reconnaître que c'est vrai que vous en voulez encore à votre père qui vous a humilié devant toute la famille quand vous étiez petit. Qu'il vous propose d'activer une belle **spirale éjectrice émotionnelle personnelle et d'autrui** pour libérer cette colère en vous suggérant de prendre conscience que vous ne pouvez rien changer à ce qui est passé. Il vous enseigne alors qu'il est possible de vous adresser à votre père dans l'énergie ou en personne et lui dire tout simplement : « Je m'adresse à toi papa. Je prends conscience à l'instant que depuis que tu m'as humilié devant la famille lors d'un souper de Noël, j'ai généré énormément de colère à ton égard. Je réalise que cette colère n'a plus sa raison d'être, ni sa place dans mon corps holistique. Il est temps que je me libère du passé. Merci papa pour l'expérience ».

À la suite de ces paroles, votre médecin vous suggère de respirer par amour pour vous et pour votre libération du passé. Seriez-vous à l'écoute? Seriez-vous prêt à faire l'expérience?

L'émotionnel encombre beaucoup de dimensions du corps holistique. En réalisant que vous utilisez votre énergie vitale pour créer l'émotionnel destructeur, vous constaterez rapidement que c'est vrai que tout part de soi. La loi du retour est bel et bien au rendez-vous.

Si vous souhaitez expérimenter cette nouvelle notion, rendez-vous immédiatement à la page : 162, exercice #14.

Bonne découverte! Libération des souvenirs du passé

Spirale éjectrice interstellaire

Saviez-vous que tous les non-dits finissent par provoquer un rhume, une grippe et que ça peut dégénérer en bronchite ou même en pneumonie? L'outil approprié pour libérer les non-dits est la **spirale éjectrice interstellaire**. Elle s'active de la même façon que les autres, à partir du cœur de Gaïa.

Aussi longtemps que la même émotion sera générée, il faudra régulièrement utiliser la spirale. Ce n'est pas toujours évident de ne pas alimenter soit une peur, une crainte, un doute ou de la culpabilité. Cela fait partie de notre apprentissage de la vie sur Terre. Chaque partie du corps physique renferme une charge émotionnelle bien distincte. Tout au long de ce livre, je vous aide à prendre conscience de ces associations et vous invite à valider par vous-même si cela vous parle ou non.

Spirale éjectrice de miasmes et débris de l'astral

Il y a aussi tous ces miasmes et débris de l'astral que l'on retrouve souvent dans les corps de lumière. S'ils ne sont jamais nettoyés, ces débris et miasme se déposeront dans le corps physique et leur présence peut compliquer la guérison. Ces miasmes vont se coller à vous soit pendant que votre corps astral se promène la nuit dans d'autres dimensions de basses vibrations, soit en journée lorsqu'une personne ne va vraiment pas bien et que son taux vibratoire descend trop bas. Cela laisse le champ libre à ces énergies très disqualifiées de se coller au corps holistique. Il y a une **spirale éjectrice de miasmes et débris de l'astral** que l'on peut activer tous les jours pour entretenir tout notre être holistique. On retrouve également ce phénomène chez les personnes qui abusent de drogue ou d'alcool. Je vous rassure, ce n'est pas parce qu'une personne a pris un seul verre de vin qu'elle se retrouvera dans ces espaces ou plans vibratoires. Il est important de savoir également que si vos corps de lumière en deviennent saturés, il y en aura automatiquement qui se déposeront dans votre corps physique. Par conséquent, si vous êtes malade et que vous avez une plaie, il est très possible que la guérison et la cicatrisation prennent plus de temps. Vous avez bien compris qu'une **spirale éjectrice de miasmes et débris de l'astral** prodigue un très grand bien-être.

Voici une anecdote que j'ai vécue avec un ami venu chez moi pour me faire expérimenter son pendule. De mon côté, je ne suis pas autorisée à utiliser des objets extérieurs à moi-même avec les outils sacrés. Cependant, mon ami Gaétan souhaitait voir si j'avais des fissures et autres disfonctionnements dans mes corps de lumière.

Il prit son petit pendentif en main, souhaitant s'en servir sur moi. Je lui ai immédiatement dit : « stop, ça fait combien de temps que tu n'as pas nettoyé ton pendule? » Il me répondit qu'il ne le nettoyait jamais. J'étais très surprise mais je lui ai demandé de me le donner. À ce moment, j'ai décidé de demander l'ouverture d'un puits de lumière et j'ai effectué la procédure pour nettoyer son pendule.

L'opération m'a pris moins d'une minute. Dans les 30 secondes qui ont suivi, j'ai reçu sur ma tête énergétiquement tout le contenu de son pendule. J'avais l'impression qu'on venait de me verser un sceau d'œufs et je ressentais la texture gluante qui coulait sur mon visage. À cet instant, j'ai entendu rire l'un de mes guides et il m'a tout simplement dit : « Tu ne dois pas donner le poisson. Apprends aux autres comment pêcher ». Ceci revient à dire qu'il aurait été préférable pour moi d'enseigner à mon ami comment nettoyer son pendule au lieu de le faire à sa place.

De plus, je n'avais pas demandé si j'étais autorisée. Si je l'avais fait, la réponse aurait été NON. C'est si simple de demander avant de faire quelque chose au lieu de se prendre un retour désagréable. Souvenez-vous que l'autorisation est la première chose à faire avant de travailler dans l'énergie.

J'ai bien compris la leçon et depuis, je transmets un maximum d'informations et je requiers l'autorisation avant de faire quoi que soit à 98% du temps. À la suite de cette petite discussion avec mon guide, j'ai utilisé les **spirales éjectrices de miasmes et de débris de l'astral** pour nettoyer ce retour. Ce qui est vraiment très agréable avec les outils sacrés c'est que toutes les interventions se font en quelques secondes. En fait, la requête est plus longue à formuler que la libération à s'effectuer!

Je vous suggère d'utiliser cette belle spirale également dans vos maisons car partout où il y a de l'humidité tel que dans les sous-sols, il y a des miasmes et la senteur n'est pas très agréable pour le nez.

Spirale éjectrice d'empathie émotionnelle, physique, psychique et psychologique

Je souhaite également vous rafraîchir la mémoire en ce qui concerne l'empathie. Comme vous le savez déjà, ce terme est employé à tort comme ayant la même signification que le mot compassion. L'empathie est pourtant totalement différente. Son rôle est de vous faire ressentir le mal physique, émotionnel ou psychologique des autres dans votre propre corps physique. C'est un outil qui a été développé par les sorciers et les sorcières afin de venir en aide à l'autre sans avoir à mourir brûlé sur le bûcher. Dorénavant, lorsque vous parlerez d'empathie, soyez vigilent, car plus vous dites que vous êtes une personne empathique et plus les risques de ressentir le mal d'autrui sera grand.

Je vous rassure, une pure merveille existe pour vous aider à vous en libérer. Elle se nomme **la spirale éjectrice d'empathie émotionnelle, physique, psychique et psychologique**. Je vous suggère de l'activer tous les jours si vous avez cette faculté car vous pourriez facilement penser que vous êtes malade. En effet, il est bon de savoir qu'il est vraiment possible que vous ressentiez tous les symptômes d'une maladie X dans votre corps et qu'en réalité, vous ayez seulement ressenti ce qui se produisait dans le corps physique de quelqu'un que vous avez croisé.

Tous ces outils sont sans contre-indication! Vous pouvez les utiliser tous les jours et je vous suggère fortement de le faire. Si vous y réfléchissez, vous vivez des émotions en permanence, vous rencontrez des gens soit en personne, par téléphone ou en visioconférence. Votre qualité de vie changera rapidement, si vous en faites le choix.

Aujourd'hui sur la Terre, de très nombreuses personnes sont empathiques et ce n'est pas très agréable d'aller au restaurant ou au marché et de ressentir une douleur à un bras ou un mal de ventre quand tout allait bien avant d'entrer dans ces lieux. Les seules personnes qui arrivent à s'en libérer totalement et rapidement sont celles qui utilisent les outils énergétiques.

Voici le meilleur truc que les guides m'ont enseigné pour savoir si je devais activer les spirales éjectrices d'empathie afin de me libérer facilement. Je devais seulement poser la question suivante à mon âme: « belle âme, est-ce que ce que je ressens en ce moment dans mon corps physique m'appartient ou non? »

Dès que j'étais à l'extérieur de la maison et que je ressentais une douleur ou un malaise soudain, je posais la question à mon âme. Lorsque sa réponse exprimait le fait que la douleur ne m'appartenait pas, je me faisais un grand plaisir de libérer ce ressenti en activant la spirale d'empathie.

Souvenez-vous que tout est logique, donc si j'ai mal physiquement c'est tout à fait naturel d'avoir mal émotionnellement, car il est très rare de se blesser sans avoir d'émotion. Il serait également possible de rencontrer quelqu'un aux pensées suicidaires et que par empathie vous développiez des pensées suicidaires dans les heures qui suivent cette rencontre. Avez-vous déjà vécu des expériences de ce genre? Certaines personnes se retrouvent dans un état dépressif et prennent une médication très forte dans un tel cas.

Si vous souhaitez expérimenter cette nouvelle notion, rendez-vous immédiatement à la page : 164, exercice #15.

Bonne découverte! Libération de l'empathie émotionnelle, physique et psychologique

126

Les boules de lumière

L'un des outils énergétiques les plus précieux que j'ai reçus est la **boule d'énergie violette**. Elle me permet de transformer les images, les personnes et les messages que je reçois des autres plans vibratoires. J'ai su rapidement que je devais en lancer sur tout ce qui se présentait à moi car derrière une image, très souvent se cache une autre image bien différente. De fil en aiguille, je me suis rendu compte que la vérité cachée au premier abord m'était toujours révélée grâce à ces boules d'énergie violette. Dès que je voyais quelque chose dans l'énergie, je lançais ces précieuses boules jusqu'à ce que tout arrête de se transformer. Cela m'a permis d'aller rapidement à la vraie source des choses. Parfois, c'était un guide de lumière que je voyais et, en lançant des boules sur lui, il se transformait en une énergie plutôt sombre. Quel outil extraordinaire!

J'en ai aussi lancé sur des personnes vivantes et j'ai compris très rapidement que ces personnes ne pouvaient plus mentir. C'était très rigolo car elles devenaient très mal à l'aise. Elles ne savaient pas ce qui se passait en elles. J'ai donc pris l'habitude de lancer des boules d'énergie violette sur tout ce qui se présentait à moi.

Je vous invite à le mettre en pratique et vous découvrirez vous aussi à quel point cet outil est puissant et très utile. Vous serez parfois déçu de réaliser que cela fait peut-être très longtemps que vous êtes accompagné par des gens qui ne sont pas le maître ou l'être de lumière auquel vous vous attendiez. Dites-vous qu'il vaut mieux le réaliser plus tard que jamais.

Je sais que plusieurs d'entre vous n'oseront pas l'expérimenter par peur de découvrir que vous avez été leurré. Cela dit, lorsque vous serez prêt, vous savez à présent que cet outil précieux n'attend que vous.

Il existe également des **boules d'énergie de cristal.** Elles sont à utiliser en très petite quantité. Elles sont utiles pour dissoudre des cages, des prisons, des faux planchers, des sceaux et des symboles mais je vous suggère de bien spécifier que ce sont de minuscules petites boules de cristal que vous souhaitez lancer.

Pour adoucir les situations, ce sont des **boules d'énergie nacré** que l'on peut lancer. Je vous invite à ne jamais les lancer sur les personnes.

Il sera toujours important de se souvenir que dans l'énergie, il y a certaines règles à respecter si l'on veut obtenir de très bons résultats et surtout si l'on souhaite éviter de se prendre un retour, dû à la loi de cause à effet, qui ne serait pas apprécié.

Comme je vous le disais précédemment, la première chose à se rappeler est de toujours demander l'autorisation de faire un soin énergétique à la personne directement. Les gens autour de vous n'ont peut-être pas tous cette ouverture d'esprit et vont peut-être refuser de recevoir. Alors, si vous faites ce soin sans leur permission, vous n'allez pas apprécier ce qui se produira en vous et autour de vous dans les jours qui vont suivre. Cet acte s'appelle faire de l'ingérence dans les corps de lumière de quelqu'un. Ce qui veut dire que vous manipuleriez une personne à son insu. Sur la Terre, comme vous le savez, la loi de cause à effet est toujours en action. Une personne qui fait de l'ingérence dans vos corps de lumière se compare à un viol énergétique.

Le cristal du code source de l'unité

En chaque personne, nous retrouvons différentes parties bien distinctes : le fœtus, le bébé, l'enfant, l'adolescent, la femme ou l'homme, la mère ou le père, la grand-mère ou le grand-père. On y distingue aussi les aspects tels que la jalousie, l'envie, la colère, la victime, le paresseux, l'autoritaire, l'exigent, le manipulateur, le contrôlant, le déni ainsi que la multidimensionnalité, la personnalité primitive et secondaire.

Pour obtenir des résultats qui vont durer dans le temps, il est important de prendre en compte l'entièreté de l'être holistique. L'outil qui a été conçu pour rassembler toutes ces parties est le **cristal du code source**

de l'unité. Dès que l'on dépose la personne dans ce cristal, nous avons accès à tous les aspects énumérés plus haut.

C'est toujours très intéressant de constater la réaction des personnes lorsqu'elles comprennent que chacune de ces parties est présente en elles. Par exemple, il est primordial de prendre conscience que même si vous n'êtes pas jaloux de nature, la jalousie fera tout de même partie de vous. Il en va de même pour tous les autres aspects de vous.

J'aimerais attirer votre attention sur le fait que tout ce qui s'est produit pendant votre grossesse, chacune des parties de vous en est imprégnée dans ses mémoires cellulaires. Cependant, c'est très différent pour une personne qui aurait été abusée à l'adolescence, par exemple. L'impact cellulaire de cet événement se retrouvera uniquement au niveau de la femme ou l'homme, la mère ou le père, la grand-mère ou le grand-père. Le fœtus, le bébé et l'enfant seront donc épargnés. C'est la raison pour laquelle il est important d'utiliser le cristal avant de faire une libération. Cela permet d'obtenir des résultats rapides et extraordinaires à tous les niveaux.

Le taux vibratoire

Le deuxième point essentiel à retenir concerne le taux vibratoire. Ce dernier se doit d'être très haut en tout temps lorsque vous ferez ou recevrez un soin énergétique. Plus la fréquence sera élevée et plus les informations, les libérations, les compréhensions se feront rapidement. Plus le taux vibratoire sera bas et plus les personnes auront tendance à vouloir dormir. Pourquoi? Étant donné que la vibration des Spécialistes Cosmiques qui vous accompagnent lors des soins est très élevée, cela créé un décalage vibratoire énorme lorsque le taux vibratoire est trop bas. C'est pour cela qu'il est essentiel de connaître les outils énergétiques appropriés pour effectuer les soins.

Puits de lumière

Parlons à présent des **puits de lumière** qui seront le troisième point le plus important dont vous aurez à vous souvenir. Un puits de lumière est un espace qui s'ouvre dans les différentes dimensions et plans vibratoires afin que tout ce qui est disqualifié retourne vers la lumière ou se transforme pour ensuite revenir dans le corps physique. À l'intérieur de ceux-ci se retrouvent plusieurs cylindres de lumière de différentes couleurs qui apportent les transformations, les calibrages ou les libérations définitives.

Pendant des années, les thérapeutes retournaient à la Terre tout ce qui était disqualifié lors des soins énergétiques qu'ils effectuaient. La façon adéquate et essentielle de procéder lors de vos harmonisations énergétiques est plutôt de demander à l'Ange de feu de procéder à l'ouverture de grands puits de lumière au-dessus de vous, de votre client, de votre lieu de vie et celui de votre client (si vous offrez une harmonisation à distance). À la fin du soin, il est essentiel de demander que les puits de lumière se referment. L'être de lumière qui ouvre ces puits de lumière est l'ange de feu et cela fait partie de ses fonctions.

Lorsque je vous précise qu'il est important de faire refermer les puits de lumière, c'est un précieux conseil que je vous donne. Si vous ne le faites pas, un beau jour, tout ce que vous avez libéré pendant un soin, reviendra autour de vous. Je peux vous dire que ce n'est vraiment pas appréciable. Souvenez-vous seulement que tout ce que vous avez à faire est de demander de les refermer. Je vous fais cette précision, car je l'ai déjà expérimenté et je me suis retrouvée avec des centaines d'âmes errantes dans ma maison! Je ne savais plus où donner de la tête!

Il fallait que l'impact soit assez important pour que je puisse bien en comprendre les règles. Je me devais de bien saisir la loi de cause à effet concernant les puits de lumière afin de développer ma capacité à enseigner adéquatement.

Certains vont trouver cela injuste mais ces outils sont très précieux. Il ne faudrait pas tenir pour acquis que les Êtres de lumière accompliront le travail à notre place. Nous avons chacun nos rôles et nous ne pouvons pas effectuer leur travail et ils ne peuvent pas faire le nôtre non plus. C'est tout de même extraordinaire!

Le but n'est pas de tout apprendre par cœur mais d'utiliser votre logique et votre fiche explicative si nécessaire. C'est vraiment une pure merveille de faire des soins énergétiques en conscience avec toutes ces vibrations d'amour qui arrivent pour apporter une modification, un changement, une réparation ou même une guérison parfaite.

Messagère de la Source

Des informations me sont également transmises lorsque j'accompagne une personne qui possède plusieurs facultés. Tout ce que j'ai à faire est de lui communiquer ce que je reçois. Comme pour les jeunes Atlantes, mon client valide de son côté la justesse de l'information que j'ai reçue pour lui.

J'ai accompagné plusieurs personnes au fil du temps, et à chaque fois, tout était juste. N'allez pas croire que c'est simple. Enfin oui cela est facile et en même temps, avant d'avoir la confiance absolue en vos capacités de transmission, cela peut prendre un bon moment.

Lorsque je recevais ces canalisations, au tout début je posais beaucoup de questions à mes guides, à mon âme et à d'autres êtres de lumière qui m'accompagnaient. Très souvent, je leur disais : « Je souhaite vraiment que tout soit juste, parce que si ce n'est pas le cas, cela n'ira pas très bien lorsque je retournerai à la Source! ». Cette phrase je l'ai dite tellement de fois. Est-ce que cela vous parle : la loi du retour? Je vous ai mentionné que tout ce que vous dites, faites ou pensez reviendra un jour ou l'autre. Je peux vous affirmer que les guides ne m'ont jamais dupée, en revanche, vous ne pouvez pas vous imaginer combien de fois les humains l'ont fait. Je ne peux même pas les blâmer puisque c'est moi qui alimentais la peur de transmettre des informations erronées. Je crois que si vous aviez eu à transmettre ces informations, vous aussi vous auriez douté de la véracité de ce que j'avais reçu en canalisation. Ce qui m'a beaucoup aidée dans ce processus de confiance est que très souvent, mes clients avaient déjà reçu la même information soit en rêve ou pendant une méditation et n'avaient pas compris le sens du message. Ce n'est pas toujours évident pour moi de vivre un quotidien normal avec les gens qui m'entourent sans avoir le réflexe d'expliquer pourquoi ils traversent telle ou telle expérience. En général, les personnes s'attendent à ce que je les plaigne mais ce n'est pas possible pour moi d'agir de cette façon. Je préfère qu'ils prennent conscience de l'origine de leur problématique.

Les liens énergétiques

J'ai posé tellement de questions à mes guides, mais je ne posais pas vraiment de questions me concernant. J'avançais dans mon expérimentation en allant à la découverte de la constitution de l'humain. Un jour, je faisais un soin énergétique à une cliente et j'ai commencé à voir apparaître des liens énergétiques. Ils étaient représentés par un cordon de lumière et reliaient ma cliente directement à une autre personne. Je pouvais voir l'énergie de l'une partir vers l'autre. Ce n'était pas beau à voir étant donné que l'une s'alimentait de l'énergie de l'autre. J'ai donc appris à libérer ces liens énergétiques. À une autre occasion, une de mes clientes avait sa vision ouverte et lorsque j'ai commencé à faire la libération de ce lien énergétique, il en arriva un autre, puis plusieurs autres. Je crois que j'ai passé presque quatre heures à faire cette libération et à chaque fois elle me disait : il y en a encore un!

Très honnêtement, j'ai dû sortir de la pièce. J'ai eu un de ces fous rire et je ne pouvais plus arrêter de rigoler. C'était vraiment insensé et c'est grâce à cette expérience que j'ai compris l'importance de travailler dans la joie. Cet état fait augmenter le taux vibratoire et les informations arrivent encore plus rapidement et sont encore plus précises. Un lien peut représenter une seule personne mais aussi un grand nombre de personnes. Il est possible qu'il provienne soit d'une personne vivante ou décédée qui a fait partie de notre vie. Ces liens peuvent également être reliés à des vies passées. Donc, lorsque j'ai commencé à poser les questions pour comprendre à qui appartenait ce lien, très rapidement je me suis rendu compte que toutes ces réponses apportaient souvent plus d'inconfort que de paix intérieure.

J'ai très souvent eu à m'adapter et en m'assurant que c'était juste pour la personne de connaître les réponses à savoir d'où provenaient les liens. Évidemment, si je recevais un message précis, je me permettais de transmettre l'information dans son intégralité. Nous sommes des messagers et nous devons offrir tous les messages que nous recevons sans nous demander si oui ou non c'est juste de le faire. Nous ne sommes pas là pour juger du contenu mais pour communiquer l'information tout simplement. Parfois les gens vont me dire : « Je ne veux pas recevoir de messages ». Dans ce cas précis, je ne vais pas en recevoir.

Si vous souhaitez expérimenter cette nouvelle notion, rendez-vous immédiatement à la page : 165, exercice #16.

Bonne découverte! Libération des liens énergétiques

Le souffle par la respiration consciente

De nos jours, de plus en plus de pratiques de respiration sont enseignées. Plus vous prendrez le temps de respirer par amour pour vous et plus votre corps vous en remerciera. Ce n'est pas évident de parler du sacré en toute chose, car la religion a bien dénaturé la signification première de ce que représentait cet aspect pur et lumineux. Ce sera à vous, encore une fois, de vous poser la question suivante : « est-ce possible de respirer la vie? Que dois-je faire pour y parvenir? ». Souvenez-vous qu'il s'agit simplement de le demander ou de l'affirmer, à vous de voir ce que vous préférez.

Si vous souhaitez expérimenter cette nouvelle notion, rendez-vous immédiatement à la page : 167, exercice #17.

Bonne découverte! Respirez et expirez dans votre corps physique

Maintenant que vous êtes plus détendu après avoir fait l'exercice #17, il est important de comprendre que tout part de votre cœur. Chaque fréquence que vous apprendrez à faire vibrer en vous trouvera sa source, au cœur de votre cœur. En plus, ce sera toujours très simple et tellement efficace.

Trop souvent, les humains se sentent seuls dans leur existence. Beaucoup d'entre eux n'ont pas été accompagnés, choyés, épaulés par leurs parents. Ce n'est pas une raison pour ne pas s'autoriser à ressentir l'amour de soi et à prendre conscience que personne n'est jamais seul. Il y a vos guides personnels, vos guides d'évolution et de réalisation qui n'attendent que de vous accompagner. Allons-y pour un petit exercice permettant de ressentir leurs présences.

Prenez le temps de respirer comme je vous l'ai appris et quand vous ressentirez que vous êtes bien posés alors, adressez-vous à vos guides personnels et demandez-leur de vous faire ressentir leur présence, leur soutien et leur accompagnement. Continuez de bien respirer et portez attention à votre dos. Il est possible qu'il se redresse. Il est également possible que vous ayez la sensation d'être dans une enveloppe de coton. C'est une des façons dont vos guides vous manifesteront leur présence.

Souvenez-vous que tout se doit d'être simple et facile. Pour ceux qui ne ressentent rien ou qui ne perçoivent aucun changement, voici les questions à vous poser : « est-ce que j'ai confiance en moi? », « est-ce que je m'autorise à recevoir ce qu'il y a de plus beau? », « est-ce que je ressens que je suis digne de recevoir et de ressentir? ».

La confiance et la foi sont très importantes dans le cheminement et la découverte de son pouvoir créateur. Précédemment, je vous ai mentionné que tout part du cœur de votre cœur, alors n'attendez plus et passer à l'expérimentation suivante.

Si vous souhaitez expérimenter cette nouvelle notion, rendez-vous immédiatement à la page :
168 exercice #18.

Bonne découverte! Retrouver la confiance et la foi en Soi

Chapitre 4:
Voyage initiatique et formations

Lors d'une formation dans le Var en France, j'étais dans un lieu qui avait été bâti sur les ruines d'un château. Pour se rendre au petit salon, il fallait descendre quelques marches. Sur l'une d'elles était posé un pot avec une plante qui semblait morte. Quelqu'un m'a dit que la plante avait grandement besoin d'aide. J'ai tout simplement demandé d'activer le trèfle argenté (c'est l'outil énergétique idéal pour apporter à une plante tout ce dont elle a besoin pour être en santé) dans le pot et la plante a bougé. J'ai toujours aimé ces petites manifestations, dans la mesure où il n'y avait personne à côté de cette plante et aucun courant d'air non plus. J'ai eu beaucoup de preuves que les outils d'Atlantide étaient très puissants et très précis également.

J'ai eu plusieurs conversations avec les Spécialistes d'Atlantide lorsque j'étais là-bas. Lorsque je recevais leurs enseignements, leur présence était aussi réelle que si la scène se déroulait dans mon salon. C'était naturel pour moi de comprendre, d'expliquer et/ou de connaître les outils sacrés spécifiques que je devais utiliser pour apporter les changements vibratoires nécessaires au corps physique afin qu'il puisse retrouver son pouvoir de guérison naturelle.

Durant toutes ces années, j'ai eu le bonheur de rencontrer beaucoup de gens lors de mes nombreux déplacements pour le travail ainsi que lors des voyages initiatiques que j'ai organisés en Égypte, au Maroc, en Tunisie et en Jordanie. Pendant ces excursions, j'ai toujours transmis les différentes informations que je recevais dans le moment présent et j'ai assisté à tellement de transformations. J'ai beaucoup apprécié ces partages et ces échanges. Je transmettais les enseignements au sujet du lieu et ce, en temps réel. La connaissance qui est véhiculée dans les livres et celle que je recevais était bien différente.

Lors d'un voyage en Jordanie, nous devions nous lever à 4h du matin, vu que nous avions un bus à prendre vers 6h. Je me suis dirigée vers la douche et l'eau était glacée! J'entends à ce moment une dame dire: « où est Isabelle? ». Je n'avais pas le goût de répondre, étant donné que j'avais besoin de tout mon courage pour entrer dans cette eau froide. Une dame du groupe était plongée dans une vie passée. Selon ce qu'elle vivait, elle allait accoucher sous peu. Ce qui était plutôt bizarre est que la dame qui partageait sa chambre était venue au monde cette journée-là. Comme nous n'avions vraiment pas beaucoup de temps, dès que le bus est arrivé, j'ai demandé à l'un des hommes de l'équipe de l'amener dans le bus. J'ai eu besoin de faire appel à mes guides pour la ramener, ici et maintenant. J'ai su exactement quoi faire même si c'était la première fois que cela m'arrivait. Je peux vous dire que j'étais soulagée que cet événement se termine.

J'ai vécu beaucoup de belles expériences mystiques au cours de mes voyages. Partout où je suis allée, j'utilisais mes outils énergétiques pour nettoyer les lieux ou pour harmoniser un hôtel. J'apprenais aux gens à élever le taux vibratoire de leur nourriture et à neutraliser les effets secondaires de tout ce qu'ils buvaient ou mangeaient. Dans tous ces lieux, des milliers de personnes ont passé avant nous et y ont laissé toutes sortes d'énergies disqualifiées. Pour le bien de tous, il était plus facile pour moi d'enseigner comment harmoniser que d'avoir à gérer des gens malades. J'ai bien pris soin de chaque personne qui souhaitait recevoir mon accompagnement. Si c'était à refaire, je n'hésiterais pas une seule seconde. C'était magique et féérique à la fois.

À une autre occasion, je devais me rendre à une conférence que je donnais. J'avais complètement oublié de nettoyer le lieu énergétiquement avant de m'y rendre. Ce fut la pire conférence de ma vie. J'ai appris que cette salle servait aux rencontres après les funérailles. Il y avait tellement d'âmes errantes à cet endroit, c'était vraiment impressionnant.

Arrivée dans ma voiture, je me suis adressée à la personne qui m'accompagnait pour qu'elle me donne un petit coup de pouce. Ma voiture était remplie de ces âmes errantes. Elles tiraient sur mon chakra couronne et je sentais ma tête qui partait dans tous les sens. Heureusement que mon amie savait comment me venir en aide et j'avoue qu'elle a été d'une grande aide dans cette situation précise. Je vous raconte ceci pour que vous puissiez réaliser qu'avant de vous rendre dans un lieu, vous avez la possibilité de le nettoyer avant de partir de chez vous. Dans l'énergie, tout ce qui est demandé se fait à l'instant même. Il n'y a pas de temps d'attente, ici et maintenant, est le mot d'ordre. À la suite de ce nettoyage, les personnes que vous rencontrerez seront plus agréables et joyeuses.

Prenez note que ce n'est pas une harmonisation d'un lieu de vie mais un nettoyage énergétique. Ce sont deux notions différentes.

Si vous souhaitez expérimenter cette nouvelle notion, rendez-vous immédiatement à la page : 169, exercice # 19.

Bonne découverte! Nettoyage d'un lieu à distance

Maintenant que vous savez comment nettoyer un lieu avant de vous y rendre, vous aurez beaucoup plus de plaisir à faire votre shopping, à visiter vos parents et amis également.

Je vous suggère de faire vos propres tests. Rendez-vous chez une personne ou dans un endroit sans faire le nettoyage et la fois suivante, faites la procédure de nettoyage. Vous verrez à quel point vos visites seront très différentes. C'est vraiment génial de s'occuper des autres et de leurs lieux de vie. En même temps, s'occuper de soi et de son propre lieu de vie est primordial. Vous n'aurez pas suffisamment de temps pour tout expérimenter dans la même journée mais vous avez la possibilité d'en faire un peu chaque jour. Il n'est pas nécessaire d'être dans un lieu très calme sans que personne ne fasse du bruit pour effectuer ces exercices.

Plus vous apprendrez à agir dans le moment présent et faire abstraction de tout ce qui se passe autour de vous et plus vous deviendrez expert en la matière.

Lors d'un voyage en Égypte, une mémoire physique s'est activée au niveau de mon bras et j'avais l'impression qu'il était arraché. Cela faisait vraiment mal. J'étais surprise que cela m'arrive à cet instant. J'ai eu besoin de comprendre ce qui se passait dans l'énergie vu qu'au niveau physique mon bras était bien à sa place. C'était une mémoire robotique. À travers une incarnation passée de mon âme, lors d'une guerre intergalactique, la personne (si je peux l'appeler ainsi) qui avait une allure de robot, a perdu son bras pendant un impact violent. Ne trouvez-vous pas que cela ressemble à de la pure science-fiction? C'est ce que je croyais aussi mais cela faisait vraiment très mal et dès que j'ai accepté, reconnu et libéré cette mémoire physique, la douleur a totalement disparu.

Je ne sais pas si vous avez remarqué, mais le corps physique est ma plus grande passion. Dès que je découvre quelque chose de nouveau, j'ai besoin de le partager à quelqu'un. Lorsque je reçois un nouvel outil énergétique, c'est certain que je vais en avoir besoin pour un soin dans la même journée et souvent c'est dans l'heure qui suit.

Lors de la formation, « Les Spécialistes Cosmiques » que j'enseignais en France il y a plus de 10 ans, une dame a vécu une guérison spontanée lors d'une expérience de groupe. Depuis environ une bonne dizaine d'années, elle devait utiliser un liquide pour ses yeux, car ils s'asséchaient rapidement. Elle portait également des lunettes depuis son enfance.

Lorsqu'elle a réouvert les yeux à la fin de l'expérience, elle avait retrouvé une meilleure vision et elle est même repartie sans porter ses lunettes.

Ce qui s'était produit pendant la méditation guidée lui était incompréhensible mais elle avait fait de choix de comprendre et d'accepter de parler à ses yeux avec sincérité. Tout cela pour vous dire que le corps physique vous lance des messages et il est constamment en attente que vous les compreniez en lui nommant que vous les avez bien reçus.

TROISIÈME PARTIE
EXERCICES D'INTÉGRATION PUISSANTS

La procédure de base

Avant de débuter un exercice, je vous invite à vous préparer en affirmant ceci :

♥ « J'invite le plan archangélique à venir élever le taux vibratoire et qu'il s'élève à la fréquence vibratoire de la Source du Sacré Initial, du Sacre Sein Initial et à la fréquence sonore du Sacré et du Sacre Sein initial pour moi et pour mon lieu de vie ».

♥ « Je demande l'ouverture d'un puits de lumière au-dessus de moi et de mon lieu de vie ». Je vous invite à demander s'il y a des protections autour de vous, si oui demandez si vous êtes autorisé à les libérer. Si oui, faites déverser la chute de cristal pur d'Atlantide et vérifier que tout a été libéré ou dissout. Lorsque c'est fait, dites : « Je me relie cœur à cœur par un pont arc-en-ciel à la puissance de la Force de l'amour ». Ça représente : l'amour de Dieu, de la Terre, de votre Être de lumière, de la Magie Divine et de l'Ordre de l'Amour.

♥ Dites : « J'apprends à recevoir pour mieux donner. Par ce même pont arc-en-ciel, je me relie au cœur lumière de mon âme, au cœur lumière de Gaïa, au cœur lumière de tous mes guides, au cœur lumière de chaque partie, aspect, multidimentionnalité et personnalité, et je fais circuler cette puissance d'amour, de l'un à l'autre ».

♥ Dites : « Je me laisse descendre et je pose mes pieds sur le cœur lumière de Gaïa et je demande à chaque partie, aspect, multidimentionnalité et personnalité de poser leurs pieds avec moi sur le cœur lumière de Gaïa ».

♥ Dites : « Je demande à Gaïa de faire monter sa sève d'amour pour nourrir mes racines de lumière, je m'ancre profondément et je laisse la sève d'amour de Gaïa monter dans tout mon Être holistique. Je me laisse bercer… ».

♥ Dès que vous aurez terminé la préparation de base, passez à l'exercice de votre choix ou terminez la procédure de la façon suivante :

♥ Dites : « Je me remercie ainsi que tous les Êtres de lumière qui m'accompagnent pour tout ce qui a été fait. Je demande à faire redescendre le taux vibratoire de façon juste et parfaite pour moi et mon lieu de vie. Je demande également la libération de tous les ponts arc-en- ciel et à faire refermer les puits de lumière, maintenant ».

Libération de l'impact de mes paroles et mes pensées

Pour débuter, je vous invite à faire l'exercice #1. Posez maintenant votre attention au niveau de votre cœur. Par la suite, prenez quelques bonnes respirations et dites :

♥ « J'accepte et je reconnais que j'ai souvent dit que : *nommez les paroles destructives ainsi que les pensées * ».

♥ « Je demande de libérer l'impact destructeur que ces paroles ont sur mon système respiratoire et lymphatique et dans tout l'ensemble de mon corps holistique ».

Lorsque vous aurez terminé, dites :

♥ « Je me remercie ainsi que tous les Êtres de lumière qui m'accompagnent pour tout ce qui a été fait. Je demande à faire redescendre le taux vibratoire de façon juste et parfaite pour moi et mon lieu de vie. Je demande également la libération de tous les ponts arc-en-ciel et à faire refermer les puits de lumière, maintenant ».

Se libérer des croyances limitatives

Pour débuter, je vous invite à faire l'exercice #1. Posez maintenant votre attention au niveau de votre cœur. Par la suite, prenez quelques bonnes respirations et dites :

♥ « J'invite mes parents et toutes les personnes qui m'ont transmis leurs croyances limitatives à se présenter devant moi dans l'énergie ».

♥ Dites-leur : « Je vous remercie pour toutes ces croyances que vous m'avez transmises. À partir de maintenant, je retourne toutes vos croyances limitatives à la lumière et j'apprendrai à valider avec mon cœur pour connaitre ce qui me correspond véritablement.

Vous pouvez nommer ces croyances telles que :

L'argent c'est sale… Il faut travailler fort pour réussir… Il faut avoir de l'argent de côté pour les vieux jours… Il faut faire des études pour devenir quelqu'un… L'important c'est d'avoir un toit sur la tête… Tu ne dois pas mentir car tu iras en enfer… Si tu ne dors pas pendant 8 heures, tu seras fatigué à ton réveil…, etc.

♥ Respirez bien et laissez partir ces énergies dans la lumière.

♥ Dites : « Je remercie et je demande à ces personnes de retourner dans leur dimension respective ».

Lorsque vous aurez terminé, dites :

♥ « Je me remercie ainsi que tous les Êtres de lumière qui m'accompagnent pour tout ce qui a été fait. Je demande à faire redescendre le taux vibratoire de façon juste et parfaite pour moi et mon lieu de vie. Je demande également la libération de tous les ponts arc-en-ciel et à faire refermer les puits de lumière, maintenant ».

Apprendre à parler à son corps physique

Je vous ai concocté quelques exercices pour vous apprendre à parler à votre corps physique. Commencez toujours par vous adresser à la partie souffrante et dites-lui : « Je suis pleinement conscient de… » et terminez par dire : « Je l'accepte et je le reconnais ». Voici plusieurs exemples concrets pour vous aider à mieux intégrer cette notion. Avant d'effectuer ces exercices, il est important d'accepter de tout voir et de tout entendre.

Pour débuter, je vous invite à faire l'exercice #1. Posez maintenant votre attention au niveau de votre cœur. Par la suite, prenez quelques bonnes respirations et :

Pour les yeux, dites :

♥ « J'accepte et je reconnais que j'ai refoulé beaucoup d'images que je ne voulais plus voir dans les différentes parties de mes yeux ».

♥ « Je demande à libérer toutes ces images et je demande qu'on déverse l'huile spéciale pour libérer les voiles, la pression et les tensions que ces images ont créés dans les différentes parties de mes yeux... ». Respirez bien!

Lorsque vous aurez terminé, dites :

♥ « Je me remercie ainsi que tous les Êtres de lumière qui m'accompagnent pour tout ce qui a été fait. Je demande à faire redescendre le taux vibratoire de façon juste et parfaite pour moi et mon lieu de vie. Je demande également la libération de tous les ponts arc-en-ciel et à faire refermer les puits de lumière, maintenant ».

Pour les oreilles, dites :

♥ « J'accepte et je reconnais qu'il y a beaucoup de paroles que je n'aurais pas voulu entendre, étant donné qu'elles m'ont blessé, rabaissé, dénigré ».

♥ « J'accepte et je reconnais que j'ai interprété beaucoup de paroles que j'avais cru entendre ».

♥ « Je demande de libérer toutes ces paroles et tous les sons que j'ai enfouis dans les différentes parties internes et externes de mes oreilles».

Lorsque vous aurez terminé, dites :

♥ « Je me remercie ainsi que tous les Êtres de lumière qui m'accompagnent pour tout ce qui a été fait. Je demande à faire redescendre le taux vibratoire de façon juste et parfaite pour moi et mon lieu de vie. Je demande également la libération de tous les ponts arc-en-ciel et à faire refermer les puits de lumière, maintenant ».

Pour les pieds, dites :

♥ « Je suis pleinement conscient que je n'ai pas toujours voulu vivre ma vie dans mon corps physique, que je ne suis pas non plus certain de vouloir le faire. Je n'ai pas encore assumé totalement la responsabilité de ma vie. Je ressens parfois que je n'ai pas ma place sur Terre ou dans ma propre vie et je n'en ai pas toujours été conscient».

♥ « Je l'accepte et je le reconnais! Mes pieds, comme j'ai bien reçu vos messages, je vous demande de libérer les douleurs ».

Lorsque vous aurez terminé, dites :

♥ « Je me remercie ainsi que tous les Êtres de lumière qui m'accompagnent pour tout ce qui a été fait. Je demande à faire redescendre le taux vibratoire de façon juste et parfaite pour moi et mon lieu de vie. Je demande également la libération de tous les ponts arc-en-ciel et à faire refermer les puits de lumière, maintenant ».

Pour les chevilles, dites :

♥ « Je suis pleinement conscient que je ne sais pas quelle décision prendre, que je suis à la croisée des chemins, que je ne sais pas non plus ce que je voudrais réellement faire. Plutôt que de ne pas faire le bon choix, je préfère ne pas en faire. Je ne fais pas souvent les choix par amour pour moi ».

♥ « Je l'accepte et je le reconnais! Mes chevilles, comme j'ai bien reçu vos messages, je vous demande de libérer les douleurs ».

Lorsque vous aurez terminé, dites :

♥ « Je me remercie ainsi que tous les Êtres de lumière qui m'accompagnent pour tout ce qui a été fait. Je demande à faire redescendre le taux vibratoire de façon juste et parfaite pour moi et mon lieu de vie. Je demande également la libération de tous les ponts arc-en-ciel et à faire refermer les puits de lumière, maintenant ».

Pour les genoux, dites :

♥ «Je suis pleinement conscient que je n'arrive pas à accepter l'autorité, que je vis parfois l'enfermement et que je me sens emprisonné dans mon propre corps et dans ma vie. Tout ce qui est injuste me fait réagir facilement dans la colère et/ou dans l'agressivité».

♥ « Je l'accepte et je le reconnais! Mes genoux, comme j'ai bien reçu vos messages, je vous demande de libérer les douleurs et je vous en remercie ».

Lorsque vous aurez terminé, dites :

♥ « Je me remercie ainsi que tous les Êtres de lumière qui m'accompagnent pour tout ce qui a été fait. Je demande à faire redescendre le taux vibratoire de façon juste et parfaite pour moi et mon lieu de vie. Je demande également la libération de tous les ponts arc-en-ciel et à faire refermer les puits de lumière, maintenant ».

Pour le bassin, dites :

♥ « Je suis pleinement conscient que je ne me sens pas très solide dans mon corps, que ma vie ne représente pas tout à fait ce que je souhaitais accomplir et réaliser. Ma vie part dans tous les sens et ça m'insécurise. Les situations qui me fragilisent apportent de la fragilité dans mon bassin également ».

♥ « Je l'accepte et je le reconnais! Mon bassin, comme j'ai bien reçu tes messages, je te demande de libérer les douleurs ».

Lorsque vous aurez terminé, dites :

♥ « Je me remercie ainsi que tous les Êtres de lumière qui m'accompagnent pour tout ce qui a été fait. Je demande à faire redescendre le taux vibratoire de façon juste et parfaite pour moi et mon lieu de vie. Je demande également la libération de tous les ponts arc-en-ciel et à faire refermer les puits de lumière, maintenant ».

Pour les épaules, dites :

♥ « Je suis pleinement conscient que j'ai souvent associé un poids à porter à mes responsabilités et celles que j'ai pris pour les autres. De plus, je porte ces gens sur mon dos et mes épaules. Il est temps pour moi de les retourner dans leur propre corps physique et dans leur propre royaume ».

♥ « Je l'accepte et je le reconnais! Mes épaules, comme j'ai bien reçu vos messages, je vous demande de libérer les douleurs et tout le poids».

Lorsque vous aurez terminé, dites :

♥ « Je me remercie ainsi que tous les Êtres de lumière qui m'accompagnent pour tout ce qui a été fait. Je demande à faire redescendre le taux vibratoire de façon juste et parfaite pour moi et mon lieu de vie. Je demande également la libération de tous les ponts arc-en-ciel et à faire refermer les puits de lumière, maintenant ».

Pour les coudes, dites :

♥ « Je suis pleinement conscient qu'il y a des conflits dans ma famille, que ce soit entre moi et les autres ou juste les autres. Cela vient me chercher et je souhaiterais que tout se règle. Parfois, je ne souhaite pas du tout régler les choses par peur, par appréhension et/ou par manque de courage ».

♥ « Je l'accepte et je le reconnais! Mon coude, comme j'ai bien reçu tes messages, je te demande de libérer les douleurs ».

Lorsque vous aurez terminé, dites :

♥ « Je me remercie ainsi que tous les Êtres de lumière qui m'accompagnent pour tout ce qui a été fait. Je demande à faire redescendre le taux vibratoire de façon juste et parfaite pour moi et mon lieu de vie. Je demande également la libération de tous les ponts arc-en-ciel et à faire refermer les puits de lumière, maintenant ».

Pour les poignets, dites :

♥ « Je suis pleinement conscient que je ne suis pas en équilibre entre donner et recevoir. Je donne trop et ne reçois pas suffisamment. Ma main gauche se referme chaque fois que je dis « non merci » à quelqu'un qui veut me donner quelque chose. Ma main droite se referme lorsque j'ai déjà beaucoup trop donné ».

♥ « Je l'accepte et je le reconnais! Mes poignets, comme j'ai bien reçu vos messages, je vous demande de libérer les douleurs. Je demande à mes mains physiques et de lumière de s'ouvrir grandement et de retrouver la dextérité et la souplesse ».

Lorsque vous aurez terminé, dites :

♥ « Je me remercie ainsi que tous les Êtres de lumière qui m'accompagnent pour tout ce qui a été fait. Je demande à faire redescendre le taux vibratoire de façon juste et parfaite pour moi et mon lieu de vie. Je demande également la libération de tous les ponts arc-en-ciel et à faire refermer les puits de lumière, maintenant ».

Pour les bras, dites :

♥ « Je suis pleinement conscient que je manque d'enveloppement, que je n'ai pas reçu le support et l'enveloppement d'un parent et que je ne sais pas comment accepter de recevoir par les autres ».

♥ « Je l'accepte et je le reconnais! Mes bras, comme j'ai bien reçu vos messages, je vous demande de libérer les douleurs ».

Lorsque vous aurez terminé, dites :

♥ « Je me remercie ainsi que tous les Êtres de lumière qui m'accompagnent pour tout ce qui a été fait. Je demande à faire redescendre le taux vibratoire de façon juste et parfaite pour moi et mon lieu de vie. Je demande également la libération de tous les ponts arc-en-ciel et à faire refermer les puits de lumière, maintenant ».

Apprendre à parler à son humain

Pour débuter, je vous invite à faire l'exercice #1. Posez maintenant votre attention au niveau de votre cœur. Par la suite, prenez quelques bonnes respirations et :

♥ Adressez-vous à l'humain en vous regardant dans les yeux devant un miroir et dites-lui qu'il est important qu'il vous écoute et vous entende.

♥ Dites-lui que tout ce que vous faites est pour lui.

♥ Dites-lui que vous avez vraiment besoin qu'il reprenne sa place en vous.

♥ Dites-lui qu'il est vraiment important qu'il accepte de vivre sur la Terre et dans votre corps physique en tout temps.

♥ Dites-lui qu'il est vraiment important de s'ancrer à la Terre et de laisser l'Amour de Gaïa nourrir son coeur, son corps et son esprit.

♥ Lorsque vous ressentirez qu'il est prêt, demandez-lui de sauter dans votre corps en mettant ses pieds dans vos pieds, ses mains dans vos mains et ses yeux dans vos yeux pour bien regarder droit devant.

♥ Lorsque ce sera fait, prenez le temps de remercier votre humain d'avoir fait le choix de vous faire confiance à nouveau.

Lorsque vous aurez terminé, dites :

♥ « Je me remercie ainsi que tous les Êtres de lumière qui m'accompagnent pour tout ce qui a été fait. Je demande à faire redescendre le taux vibratoire de façon juste et parfaite pour moi et mon lieu de vie. Je demande également la libération de tous les ponts arc-en-ciel et à faire refermer les puits de lumière, maintenant ».

6

Les aimants de son humanité

Pour débuter, je vous invite à faire l'exercice #1. Posez maintenant votre attention au niveau de votre cœur. Par la suite, prenez quelques bonnes respirations et dites :

♥ « Je demande à recevoir et à activer les aimants de mon humanité dans mes mains ». Cela fera revenir les parties et aspects de vous, qui s'enfuient dans les autres plans et dimensions vibratoires.

♥ Dites : « Je m'adresse à chacun ou chacune de vous. Je comprends que ce n'est pas vraiment facile de vivre dans mon corps physique, que je ressens des douleurs, des angoisses et parfois de l'anxiété. Toutefois, il est vraiment important de reprendre votre place en moi, puisque c'est pour vous que je fais tout ce retour à l'amour pour moi et à ce que je suis venu réaliser sur la Terre ».

♥ Ouvrez vos bras et laissez-les s'installer en vous, vous serez plus complet, plus dense également.

♥ Remerciez-les et demandez-leurs de ne plus fuir votre corps physique et votre vie.

Lorsque vous aurez terminé, dites :

♥ « Je me remercie ainsi que tous les Êtres de lumière qui m'accompagnent pour tout ce qui a été fait. Je demande à faire redescendre le taux vibratoire de façon juste et parfaite pour moi et mon lieu de vie. Je demande également la libération de tous les ponts arc-en-ciel et à faire refermer les puits de lumière, maintenant ».

Note : Il vous faudra probablement refaire souvent cet exercice si vous avez l'habitude de fuir votre vie et votre corps physique depuis longtemps.

Faire rayonner la Gratitude dans sa vie

Pour débuter, je vous invite à faire l'exercice #1. Posez maintenant votre attention au niveau de votre cœur. Par la suite, prenez quelques bonnes respirations et :

♥ Demandez à votre coeur d'activer sa Rayonnance Sacrée de la Gratitude et dès que vous ressentirez cette belle énergie...

♥ Demandez que ça s'intensifie en vous et pour tout ce que vous avez fait, accompli et reçu tout au long de votre vie.

♥ Respirez bien et laisser cette belle énergie vibrer très fort en vous et tout autour de vous.

Lorsque vous aurez terminé, dites :

♥ « Je me remercie ainsi que tous les Êtres de lumière qui m'accompagnent pour tout ce qui a été fait. Je demande à faire redescendre le taux vibratoire de façon juste et parfaite pour moi et mon lieu de vie. Je demande également la libération de tous les ponts arc-en-ciel et à faire refermer les puits de lumière, maintenant ».

Les Fontaines de lumière

♥ Lorsque vous prenez votre douche, voyez le jet comme une fontaine de lumière qui descend sur vous.

♥ Pensez à quelque chose qui vous apporte de la joie et portez votre attention à votre coeur et demandez-lui de rayonner l'amour pour vous et respirez bien.

♥ Dès que vous ressentirez une vibration, une expansion dans la poitrine ou juste un bien être s'installer en vous.

♥ Demandez que ça s'intensifie et vous vivrez ce moment d'Amour pour vous-mêmes. Plus vous ferez cette expérience et plus ça deviendra facile de ressentir l'amour.

Cet exercice est très puissant. Vous réaliserez que c'est très facile d'aimer les autres mais lorsqu'il est temps de s'aimer soi-même, c'est beaucoup moins facile. Pourtant, c'est le but de notre retour sur la Terre.

10

Libération du mental dirigeant et contrôlant

Pour débuter, je vous invite à faire l'exercice #1. Posez maintenant votre attention au niveau de votre cœur. Par la suite, prenez quelques bonnes respirations et pensez à quelque chose qui vous apporte de la joie. Dès que vous êtes prêts, fermez vos yeux et dites ceci :

♥ « Je demande à être remis au point zéro émotionnellement ». Attendez quelques secondes et poursuivez votre exercice.

♥ Demandez l'activation de la sphère de neutralisation des égrégores de pensées personnelles et collectives.

♥ Demandez qu'elle s'active dans votre inconscient, votre conscience, votre supraconscience et dans votre mental dirigeant et contrôlant. Lorsque ça devient léger au niveau de la tête...

♥ Demandez à déverser les 8 baumes, la poudre angélique ainsi que le baume intercalaire.

Lorsque vous aurez terminé, dites :

♥ « Je me remercie ainsi que tous les Êtres de lumière qui m'accompagnent pour tout ce qui a été fait. Je demande à faire redescendre le taux vibratoire de façon juste et parfaite pour moi et mon lieu de vie. Je demande également la libération de tous les ponts arc-en-ciel et à faire refermer les puits de lumière, maintenant ».

Être dans la neutralité absolue, se remettre au point zéro

Avant d'effectuer un exercice ou de questionner votre âme, assurez-vous d'être au point zéro au niveau émotionnel.

Pour débuter, je vous invite à faire l'exercice #1. Posez maintenant votre attention au niveau de votre cœur. Par la suite, prenez quelques bonnes respirations, fermez vos yeux, puis :

♥ Pensez à quelque chose qui vous apporte de la joie. Dès que vous êtes prêts... Dites ceci :

♥ Je demande à être remis au point zéro émotionnellement et psychologiquement ».

Attendez quelques secondes et poursuivez avec votre exercice ou votre questionnement à votre âme.

Lorsque vous aurez terminé, dites :

♥ « Je me remercie ainsi que tous les Êtres de lumière qui m'accompagnent pour tout ce qui a été fait. Je demande à faire redescendre le taux vibratoire de façon juste et parfaite pour moi et mon lieu de vie. Je demande également la libération de tous les ponts arc-en-ciel et à faire refermer les puits de lumière, maintenant ».

Élévation du taux vibratoire

♥ Dites : « J'invite le plan Archangélique à venir élever le taux vibratoire de tout mon être holistique et qu'il s'élève à la fréquence vibratoire de la Source de la création du Sacré Initial et du Sacre Sein Initial, à la fréquence sonore du Sacré Initial et du Sacre Sein initial pour moi et l'endroit où je me trouve. Que cela s'installe partout en moi, autour de moi et que cela se stabilise ».

Faites redescendre le taux vibratoire avant d'aller dormir en disant :

♥ « J'invite le plan Archangélique à redescendre le taux vibratoire de tout mon être holistique afin que je puisse dormir d'un sommeil profond et réparateur ».

Comprendre et honorer la vérité de son cœur

Pour débuter, je vous invite à faire l'exercice #1. Posez maintenant votre attention au niveau de votre cœur. Par la suite, prenez quelques bonnes respirations, puis :

♥ Demandez à votre cœur de reconstituer tous les circuits de communication entre vos paroles, vos pensées et votre cœur.

♥ Respirez bien et portez attention à l'énergie qui circulera en vous.

♥ Demandez à votre coeur s'il vous entend... soyez attentif à la réponse.

♥ Demandez à votre cœur si vous honorez sa vérité... soyez attentif à la réponse.

♥ Demandez à votre coeur d'activer la Rayonnance sacrée du Pardon et d'envelopper tous les mensonges que vous avez dit aux autres et à vous-même.

♥ Soyez honnête envers vous et les autres et votre coeur vous guidera dans la meilleure direction qui soit pour que vous soyez heureux et fier d'être qui vous êtes.

Lorsque vous aurez terminé, dites :

♥ « Je me remercie ainsi que tous les Êtres de lumière qui m'accompagnent pour tout ce qui a été fait. Je demande à faire redescendre le taux vibratoire de façon juste et parfaite pour moi et mon lieu de vie. Je demande également la libération de tous les ponts arc-en-ciel et à faire refermer les puits de lumière, maintenant ».

Je vous suggère de refaire cet exercice quand vous réaliserez que vous avez manqué d'honnêteté envers vous ou les autres. Soyez bienveillant et ne vous jugez pas.

Libération des souvenirs du passé

Prenez votre calepin où vous avez noté les informations qui n'ont pas encore été libérées. Installez-vous confortablement.

Pour débuter, je vous invite à faire l'exercice #1. Posez maintenant votre attention au niveau de votre cœur. Par la suite, prenez quelques bonnes respirations, puis :

♥ Pensez à quelque chose qui vous apporte de la joie. Dès que vous êtes prêt, fermez vos yeux et dites ceci :

♥ « Je demande à être remis au point zéro émotionnellement ». Attendez quelques secondes et dites :

♥ « J'accepte et je reconnais que j'en veux encore à *nommer la personne ainsi que ce que vous lui reprochez*. Il est temps pour moi de m'en libérer. Cela ne veut pas dire que je suis en accord avec ce qu'elle m'a fait vivre, mais j'accepte et je reconnais l'avoir vécu profondément dans tout mon être ».

♥ Respirez-bien.

♥ Demandez à activer une spirale éjectrice émotionnelle personnelle et d'autrui, respirez bien et laissez partir toute la charge émotionnelle refoulée en vous. Dès que ce sera terminé...

♥ Remerciez la personne pour avoir eu ce rôle à jouer dans votre vie.

Lorsque vous aurez terminé, dites :

♥ « Je me remercie ainsi que tous les Êtres de lumière qui m'accompagnent pour tout ce qui a été fait. Je demande à faire redescendre le taux vibratoire de façon juste et parfaite pour moi et mon lieu de vie. Je demande également la libération de tous les ponts arc-en-ciel et à faire refermer les puits de lumière, maintenant ».

Libération de l'empathie émotionnelle, physique et psychologique

♥ Demandez l'ouverture d'un puits de lumière au-dessus de vous et du lieu où vous vous trouvez.

♥ Demandez l'activation d'une spirale éjectrice d'empathie physique, émotionnelle, psychique et psychologique.

♥ Prenez le temps de bien respirer.

Lorsque vous ressentirez que tout est léger à l'intérieur de vous...

♥ Remerciez et demandez à fermer le puits de lumière.

P.S. Prenez conscience que plusieurs fois par jour, vous pouvez avoir besoin de libérer les énergies que vous ressentez des autres.

Libération des liens énergétiques

Voici un exercice simple et puissant pour trancher les liens énergétiques. Vous pouvez tout simplement demander si vous avez des personnes accrochées à vous par des liens énergétiques. Si vous le souhaitez, vous pouvez demander de les ressentir également. Prenez conscience que tout fait partie de la loi de cause à effet donc si des personnes ont créé des liens énergétiques sur vous, c'est que vous avez créé des liens énergétiques sur des personnes. Souvenez-vous que tout part de soi. Vous avez la possibilité de paniquer ou de dire tout simplement les énoncés suivants qui vous apporteront une grande libération :

Pour débuter, je vous invite à faire l'exercice #1. Posez maintenant votre attention au niveau de votre cœur. Par la suite, prenez quelques bonnes respirations et dites :

♥ « J'accepte et je reconnais que de façon consciente ou inconsciente, j'ai créé des liens énergétiques sur autrui. Je l'accepte et le reconnais ».

♥ « Je m'adresse à toutes les personnes à qui je me suis accroché : Merci pour l'expérience, mais à partir de maintenant, je vous libère de moi et je me libère de vous ».

♥ « J'invite l'Archange Mickaël à venir trancher les liens dans les deux sens et je demande l'activation de la sphère de remerciement pour raccompagner ces personnes dans leur propre dimension ou dans le royaume céleste (pour les personnes décédées) ».

Lorsque vous aurez terminé, dites :

♥ « Je me remercie ainsi que tous les Êtres de lumière qui m'accompagnent pour tout ce qui a été fait. Je demande à faire redescendre le taux vibratoire de façon juste et parfaite pour moi et mon lieu de vie. Je demande également la libération de tous les ponts arc-en-ciel et à faire refermer les puits de lumière, maintenant ».

C'est la méthode la plus juste et facile à faire pour vous libérer de ces liens énergétiques.

Respirez et expirez dans votre corps physique

♥ Installez-vous confortablement. Prenez quelques respirations profondes tout en inspirant et en expirant à l'intérieur de vous. Si un endroit de votre corps physique va moins bien, je vous invite à diriger votre souffle, à l'expiration vers cette partie qui en a besoin. Souvenez-vous que vous êtes le maître de votre vie et que votre corps physique répond à tout ce que vous dites, faites ou pensez.

♥ Ensuite, faites le même exercice lorsque vous prendrez un bain ou même une douche. Vous ressentirez la différence des bénéfices très rapidement. La détente de tout votre intérieur se fera à grande vitesse au contact de l'eau puisque celle-ci est synonyme de vie. Si vous laissez la vie circuler librement en vous juste en respirant, vous découvrirez l'un de ses immenses bienfaits. Sachez qu'encore aujourd'hui, tout ce qui est expérimenté dans l'eau est démultiplié. Vous avez la possibilité d'en faire l'expérience aussi souvent que vous le désirez. Ne trouvez-vous pas cela magique? Je suis certaine qu'en faisant ce simple exercice vous ressentirez les tensions se libérer et un espace se créer en vous. Plus vous apprendrez à effectuer cet exercice régulièrement, et plus vous ressentirez votre pouvoir créateur en action.

Retrouver la confiance et la foi en Soi

Pour débuter, je vous invite à faire l'exercice #1. Posez maintenant votre attention au niveau de votre cœur. Par la suite, prenez quelques bonnes respirations et dites :

♥ Respirez bien et quand vous ressentez que le calme s'installe en vous, alors demandez à votre cœur d'activer le rayonnement de la confiance et de la foi pour vous. Faites-le en utilisant votre voix et quand vous ressentirez soit une expansion, une douceur ou toute autre manifestation, demandez que cela s'intensifie et grandisse. Dirigez ce rayonnement dans votre système digestif et dans votre système respiratoire et dites :

♥ « J'accepte et je reconnais que j'ai très souvent douté de moi ainsi que de mes capacités physiques et psychiques. J'affirme aujourd'hui que j'ai le droit de ressentir la confiance en moi, l'Amour pour moi et que j'ai une place de choix dans ma vie! ».

Lorsque vous aurez terminé, dites :

♥ « Je me remercie ainsi que tous les Êtres de lumière qui m'accompagnent pour tout ce qui a été fait. Je demande à faire redescendre le taux vibratoire de façon juste et parfaite pour moi et mon lieu de vie. Je demande également la libération de tous les ponts arc-en-ciel et à faire refermer les puits de lumière, maintenant ».

Cet exercice vous permettra rapidement de vivre de grandes transformations au niveau de la confiance et la foi en vous ainsi que de reprendre la première place dans votre vie par Amour pour vous. N'est-ce pas simple et facile à faire?

Nettoyage d'un lieu à distance

Comment faire pour effectuer un nettoyage d'un lieu avant de vous y rendre? Apprenez à faire grandir la confiance et la foi en vous, avant de commencer à pratiquer un nettoyage des lieux. Lorsque vous ressentirez que vous êtes prêts alors faites ceci :

Pour débuter, je vous invite à faire l'exercice #1. Posez votre attention au niveau de votre cœur. Par la suite, prenez quelques bonnes respirations et :

♥ Demandez d'activer de puissantes spirales éjectrices émotionnelles personnelles et d'autrui pour libérer tous les égrégores de colère, de peur, d'injustice etc., se trouvant dans ce lieu;

♥ Demandez à figer les âmes errantes pour ne pas être sollicité par elles pendant que vous serez là-bas;

© Demandez à déverser toute la puissance des 22 Lois universelles dans ce lieu;

♥ Demandez que les âmes errantes soient défigées après votre départ de cet endroit.

Lorsque vous aurez terminé, dites :

♥ « Je me remercie ainsi que tous les Êtres de lumière qui m'accompagnent pour tout ce qui a été fait. Je demande à faire redescendre le taux vibratoire de façon juste et parfaite pour moi et mon lieu de vie. Je demande également la libération de tous les ponts arc-en-ciel et à faire refermer les puits de lumière, maintenant ».

N'est-ce pas simple et facile? Il suffit de le faire et cela prendra le temps de le dire. Vous pouvez vous relier à plusieurs lieux à la fois et tout nettoyer en même temps.

Prendre note que nettoyer un lieu de vie est différent d'une harmonisation d'un lieu de vie.

Se relier à la puissance de l'amour inconditionnel absolu

Pour débuter, je vous invite à faire l'exercice #1. Posez votre attention au niveau de votre cœur. Par la suite, prenez quelques bonnes respirations et dites :

♥ « Je me relie cœur à cœur par un pont arc-en-ciel à la puissance de la Force de l'amour ».

♥ Respirez bien et laissez l'amour venir vers vous et quand vous aurez bien ressenti...

♥ Par ce même pont arc-en-ciel, reliez-vous au cœur lumière de votre âme, au cœur lumière de Gaïa, au cœur lumière de tous vos guides, au cœur lumière de chaque partie, aspect, multidimentionnalité et personnalité, et faites circuler cette puissance d'amour, de l'un à l'autre.

♥ Apprenez à recevoir pour mieux donner.

Lorsque vous aurez terminé, dites :

♥ « Je me remercie ainsi que tous les Êtres de lumière qui m'accompagnent pour tout ce qui a été fait. Je demande à faire redescendre le taux vibratoire de façon juste et parfaite pour moi et mon lieu de vie. Je demande également la libération de tous les ponts arc-en-ciel et à faire refermer les puits de lumière, maintenant ».

Le plus beau cadeau que vous puissiez vous offrir est d'apprendre à vous aimer véritablement. Plus vous laisserez votre cœur vibrer d'amour pour vous et rayonner son état de gratitude envers la vie, plus vous retrouverez les parties manquantes de votre vie.

Prendre note qu'il est important de ne pas imaginer les choses mais simplement de laisser venir soit une image, un ressenti ou rien du tout. L'important est d'apprendre à demander avec le coeur pour recevoir.

Annexe 1

Les leçons de vie

Une leçon de vie est vécue en retour à environ 2% de ce qui a été fait par les vies passées.

Mise en garde :

Avant toute chose, il est important de ne jamais dire ou penser que vous avez été ceci ou cela dans les vies passées. Ne prenez pas non plus la charge émotionnelle de ces leçons de vie, puisqu'en aucun cas, vous avez fait ces expériences de manque d'amour dans les vies passées de votre âme. Vous portez simplement en vous la mémoire de tout ce qui a été expérimenté. Cette vie est la première que vous vivez en tant que qui vous êtes. C'est vraiment important de le comprendre. Cela vous permettra de libérer ces énergies beaucoup plus facilement et sans jugement envers vous.

Sachez que c'est sûrement la plus belle chose que vous pouvez faire pour vous et pour libérer votre âme de tout ce passé vécu par manque d'amour de soi. Ces leçons de vie vous ont fait vivre beaucoup d'expériences qui n'ont pas été très faciles à traverser. Il est temps d'être très fier et reconnaissant envers vous car jusqu'à présent vous avez accompli ce que vous deviez accomplir pour libérer ces énergies.

Cela demandait beaucoup de détermination et de courage pour revenir sur la Terre puisque votre âme savait très bien ce que vous auriez à traverser et elle a dit « OUI! ». Cela veut dire qu'en vous, tout a été inscrit pour que vous réussissiez.

L'impact du retour de tout ce qui a été vécu par les incarnations passées de votre âme et qui n'a jamais été pardonné au niveau du cœur à travers les différentes incarnations sera vécu dans cette présente vie, c'est ce que l'on appelle la charge karmique. Les âmes ont choisi, avant de revenir sur Terre d'en comprendre pleinement les conséquences afin de pouvoir poser le pardon en leur cœur pour toutes ces expériences les moins faciles et lumineuses.

Elles ont donc rencontré le guide de l'incarnation afin de bien élaborer leur plan de vie. Les âmes ont fait ce choix, tout en sachant qu'il ne serait pas facile de vivre le retour de tout. Et même si parfois, ça semble impossible à traverser, sans être pour autant totalement anéanti, elles se sont fait la promesse de réussir.

Un groupe d'âmes a même fait le choix d'être représentant de la charge karmique de leur famille d'âmes, du collectif avec qui elles ont évolué ainsi que de leur généalogie. Ce qui veut dire que ces âmes auront à traverser une multitude d'expériences sans jamais savoir si ces leçons de vie appartenaient aux incarnations de leur âme ou pas. Elles savaient qu'elles auraient besoin d'aide, de soutien et d'accompagnement mais que cela ne se produirait que le jour où le retour à l'Amour du Soi serait au rendez-vous.

Leçon de vie : **Les enfants**

Dans cette présente vie, les hommes et les femmes stériles de naissance ou qui le sont devenus à la suite d'une maladie, se doivent de comprendre que lors de vies passées, certaines incarnations ont maltraité, battu, mal nourri, enfermé et parfois même tué des enfants. Ils ont donc fait ce choix de ne pas avoir d'enfants dans cette vie-ci et ce jusqu'à ce que cette leçon de vie soit pardonnée, acceptée et libérée en conscience.

Leçon de vie : **Le meurtre**

Dans cette présente vie, les enfants qui ont une relation très difficile avec leurs parents et qui se sentent toujours en danger de mort, doivent comprendre qu'une incarnation de leur parent a enlevé la vie à l'une de leurs incarnations passées. Cette information est demeurée active dans leurs mémoires cellulaires.

Leçon de vie : **La violence : verbale, émotionnelle, physique et psychologique**

Dans cette présente vie, les gens ayant subi toute forme de violence dès leur jeune âge, sont très souvent des gens très doux et sans aucune forme de violence intérieure. Ils viennent, pour la plupart, libérer la violence faite par les incarnations passées de leur âme.

Leçon de vie : Le pouvoir, l'écrasement, le rabaissement, la manipulation, la dévalorisation

Dans cette présente vie, les gens ayant subi ces expériences, vont très souvent se choisir des parents froids, distants et peu démonstratifs. Ils poursuivront leur vie en rencontrant des gens qui ressembleront à leurs parents. A travers les vies passées, les incarnations passées de leur âme ont utilisé ces vibrations pour arriver à leurs fins et n'ont eu aucun scrupule envers rien ni personne.

Leçon de vie : La Guerre

Dans cette présente vie, certaines personnes sont attirées vers des métiers où ils auront à porter une arme, tels que policier, escadron spécial, membres de l'armée, du GRC, de la CIA etc. Ils ont en eux une forme de violence qui demande à être libérée, canalisée. Leurs incarnations passées ont participé à plusieurs guerres autant terrestres qu'intergalactiques.

Leçon de vie : Le viol et l'inceste

Dans cette présente vie, des hommes et des femmes ont subi des agressions sexuelles (attouchement, viol ou inceste), puisque certaines des incarnations passées de leur âme, ont violé et fait subir l'inceste.

Leçon de vie : Le Suicide

Dans cette présente vie, une personne qui vit l'abandon dès son très jeune âge, qui traverse fréquemment des périodes de questionnement face à la poursuite de sa vie sur terre ou non, une personne qui fait des tentatives de suicide mais ne réussit pas à mourir, est concernée par la leçon de vie du suicide. Elle n'est pas autorisée à terminer sa vie de cette manière. Certaines des incarnations passées de son âme, se sont enlevé la vie et cette souffrance est la pire qu'une âme puisse ressentir.

Leçon de vie : L'appartenance

Dans cette présente vie, une personne qui n'arrive pas à vivre seule, qui a besoin d'appartenir à quelqu'un, à un groupe, à une secte, qui a toujours besoin d'avoir le consentement des autres et qui sans même s'en rendre compte se fera manipuler : cette personne aura eu des incarnations passées de son âme, qui manipulaient et prenaient le contrôle sur beaucoup de gens en leur faisant croire qu'ils leur appartenaient et ces derniers devaient se soumettre sans rien dire.

Leçon de vie : **La violence verbale, émotionnelle, physique et psychologique**

Dans cette présente vie, les gens qui se sentent esclaves de leur propre vie, de leur travail, de leurs enfants, de la société vont très souvent être abusés et manipulés dans la mesure où certaines des incarnations passées de leur âme, ont maltraité leurs employés physiquement, moralement et émotionnellement.

Leçon de vie : **La religion**

Dans cette présente vie, les personnes qui sont très exigeantes, sévères, froides et celles qui sont seules, vont très souvent être attirées par des symboles tels que des croix, des sceaux ou différents objets reliés à la religion. La raison en est que certaines incarnations passées de leur âme ont été mariées à Dieu, faisaient partie des ordres (sœurs, moines, prêtres), ou d'une secte.

Leçon de vie : **Le mensonge**

Dans cette présente vie, certaines personnes vont fréquemment mentir puisqu'elles n'ont pas connu ce que c'était que de dire la vérité. Pour elles, ce sera naturel de raconter des mensonges et en retour on leur mentira dans plusieurs domaines de leur vie. Certaines incarnations passées de leur âme sont passées maître du mensonge.

Leçon de vie : **La pauvreté, le vol, le détournement et l'escroquerie**

Dans cette présente vie, une personne qui vit la pauvreté sans pouvoir s'en sortir, sans voir la lumière au bout du tunnel, qui se fait arnaquer facilement, qui est détournée de son chemin ou de l'être aimé, qui se fait voler ses biens… aura eu des incarnations passées de son âme très avares, qui prenaient le bien des autres personnes très facilement et réussissaient à détourner les gens aussi bien de leur route, de l'être aimé que de leur réussite.

Leçon de vie : **La manipulation génétique, le loup-garou**

Dans cette présente vie, certaines personnes donnent la vie à un enfant: atteint d'une maladie orpheline ou rare, d'un cancer dès l'enfance, ayant une inversion de polarité (se sentant homme dans un corps de femme ou inversement, ou dont les organes du côté gauche se trouvent à droite, et inversement), ayant une partie du corps qui ne se développe pas naturellement, ou pouvant passer d'un tempérament très calme ä une explosion de colère en un instant. On retrouve ces personnes dans le domaine de la santé, de la science ou de la recherche. Certaines incarnations de leur âme ont fait beaucoup d'expériences en Atlantide. Les résultats ont été désastreux et des personnes en sont décédées.

Leçon de vie : **Les secrets**

Dans cette présente vie, les personnes qui ne dévoilent presque rien, qui ont la facilité à tout garder à l'intérieur d'elles-mêmes, sont souvent porteuses de secrets. Certaines incarnations passées de leur âme faisaient partie des ordres, ou avaient fait un serment de ne rien révéler. D'autres ont caché la venue d'un enfant, d'autres ont gardé le silence alors qu'ils avaient vu se produire un viol ou un inceste par exemple.

Leçon de vie : **Les guides, les enseignants, les thérapeutes, les gourous**

Dans cette présente vie, les guides, enseignants, thérapeutes et gourous qui se font manipuler, qui subissent différentes attaques énergétiques au niveau de leur 3e œil, de leur plexus solaire ou de leur sacré, qui ont souvent dans leur entourage quelqu'un qui s'alimente de leur énergie… ont eu certaines incarnations passées de leur âme qui utilisaient leurs connaissances et leur savoir-faire à mauvais escient. Ils se reliaient aux centres énergétiques de leurs clients ou patients afin de mieux les manipuler et accroissaient ainsi leurs capacités extra-sensorielles.

Leçon de vie : **La magie et la sorcellerie de tous les mondes et univers**

Dans cette présente vie, une personne qui est toujours aux prises avec des rituels, des sorts ou des incantations, qui ne supporte pas les aiguilles sans perdre connaissance ou réagir fortement au niveau de la peau, qui manipule facilement les éléments (comme arrêter la pluie par exemple), qui ne peut réussir une recette sans la modifier, qui cherche à revivre la vie d'une incarnation passée de chaman... a eu certaines incarnations de son âme qui ont fait beaucoup de magie noire, qui ont utilisé leurs dons et leur savoir à des fins très destructrices et manipulatrices. Dans la lignée de leurs incarnations passées, nous retrouverons les magiciens, chamans, sorciers, alchimistes, mages, druides etc.

En plus du déni, il y a les sciences occultes, ces dernières ne sont pas très bien comprises. La plupart du temps, les gens vont associer cette science à la magie ou à la sorcellerie mais en réalité, c'est la science d'occulter les choses. Ce qui revient à dire, que même si un objet est sous vos yeux, vous ne le verrez pas. Il se peut que vous ayez vécu de l'abus sexuel dans votre enfance et que vous n'en ayez aucun souvenir. Occulter les situations, les événements, les objets, les personnes provoques très souvent beaucoup de conflits intérieurs. Cependant, occulter ne veut pas dire effacer de la mémoire, car dès que cette science est neutralisée dans son ensemble, les souvenirs refont surface.

Leçon de vie : **Le contrôle**

Dans cette présente vie, les personnes ayant un mental très fort, ayant besoin de tout contrôler, de tout valider avant de prendre une décision, qui sont rigides dans leurs convictions… ont eu certaines incarnations passées de leur âme qui ont réussi à contrôler beaucoup de personnes en les manipulant, en leur faisant croire n'importe quoi afin d'arriver à leurs fins.

Leçon de vie : **Le don de Soi**

Dans cette présente vie, les personnes qui n'arrivent pas à prendre la première place dans leur vie, qui se sentent obligées de servir les autres, qui vont jusqu'à s'oublier afin que les gens autour d'elles ne manquent de rien... ont eu certaines incarnations passées de leur âme qui se sont fait servir, qui faisaient en sorte que les gens autour d'elles soient continuellement à leur service, sans pour autant les récompenser, sans pour autant les valoriser.

Leçon de vie : **Le cannibalisme**

Dans cette présente vie, les gens qui viennent au monde sans pouvoir avaler un morceau de viande et qui sont âgés de plus de 30 ans ont eu certaines incarnations passées de leur âme qui étaient cannibales, non pas parce qu'il n'y avait rien d'autre à manger mais parce qu'ils pratiquaient cette coutume de façon très consciente.

Leçon de vie : **Le vampirisme**

Dans cette présente vie, la personne dont l'énergie vitale est souvent pompée, aspirée, qui aura presque continuellement quelqu'un accroché à son plexus solaire, son sacré, son cœur ou son 3e œil... aura eu certaines incarnations passées de son âme qui s'alimentaient constamment de l'énergie des autres personnes en conscience pour se valoriser et mieux paraître.

Leçon de vie : **Les règnes animal, minéral, végétal, humain et aquatique**

Dans cette présente vie, les personnes qui vont avoir à cœur toutes les causes possibles reliées aux différents règnes, qui vont aller jusqu'à manifester, faire signer des pétitions et même défendre leurs points de vue en utilisant une forme de violence... ont eu certaines incarnations passées de leur âme qui ont très mal traité les règnes, en ont abusé et les ont détruits par divers moyens.

Leçon de vie : **La victimisation**

Dans cette présente vie, les gens qui se sentiront victimes de tout, qui auront une grande tendance à chercher un fautif (et ce ne sera jamais eux.) auront eu certaines incarnations passées de leur âme qui étaient maîtres dans l'art de faire accuser les autres à leur place.

Leçon de vie : **La négligence, l'écrasement et le rabaissement**

Dans cette présente vie, les personnes ayant été négligées par leurs parents, leur famille et dévalorisées aux yeux des autres... ont eu certaines incarnations passées de leur âme qui ne s'occupaient pas du bien-être des autres et préféraient écraser et rabaisser leurs propres enfants ou toute personne différente.

Leçon de vie : **La trahison**

Dans cette présente vie, les personnes qui sont trahies par les gens en qui ils ont le plus confiance, qui ressentent également très souvent une douleur au niveau des omoplates, ont eu certaines incarnations passées de leur âme qui étaient maîtres dans l'art de la trahison et réussissaient à faire croire qu'elles étaient toujours totalement innocentes.

Leçon de vie : **La dépendance**

Dans cette présente vie, les gens qui deviendront dépendants à l'alcool, au tabac, au chocolat, aux chips, à la drogue, toutes ces substances qui deviendront très souvent leur meilleure amie... auront eu certaines incarnations passées de leur âme qui rendaient les autres dépendants d'eux, qui prenaient un malin plaisir à les faire chanter et les obligeaient à se soumettre à leur volonté.

Leçon de vie : **La dévalorisation**

Dans cette présente vie, les gens qui dès leur enfance ont été dévalorisés par leurs parents, à qui l'on prédisait qu'ils n'arriveraient jamais à devenir quelqu'un de bien, qu'ils ne réussiraient jamais dans la vie et à qui l'on disait qu'ils n'étaient pas intelligents... ont eu certaines incarnations passées de leur âme qui dévalorisaient les gens paraissant plus intelligents qu'eux. Ils arrivaient à leur faire croire, qu'ils étaient un déchet de la société, qu'ils n'auraient jamais dû venir au monde.

Toutes ces leçons de vie comportent des contrats, des sous-contrats, des pactes et alliances. On retrouvera également des allégeances et des objets ayant appartenu à la religion, aux sectes, aux ordres, à l'esclavage, aux purgatoires, aux sacrifices, à la magie, à la sorcellerie, au vaudou, au chamanisme et aux marabouts en provenance de la Terre et du Multivers.

On ne peut pas s'improviser Maître de la libération karmique, ça demande une grande compréhension de chaque leçon de vie, de toute la constitution de l'Être holistique et surtout d'avoir déjà fait sa propre libération karmique avant de le faire pour d'autres personnes.

Il est impératif d'être prêt à accepter et à reconnaitre que tout avait été choisi avant de s'incarner et que nous ne sommes pas des victimes mais des personnes extraordinairement responsables. Rien n'a été mis sur votre route que vous ne pouvez pas accepter et reconnaitre pour libérer la source initiale et libérer votre âme de toutes ces expériences de non-amour pour Soi. Merci de dire OUI à votre liberté et au Pouvoir de vous Aimer!

Annexe 2

Les 22 Lois universelles du Multivers

Voici les 22 Lois universelles du grand Multivers. Les 7 premières Lois sont celles qui régissent la Terre.

- La Joie : Correspond au nombril
- L'Amour : Correspond au cœur
- Le Partage : Correspond aux mains
- Le Respect : Correspond au nez
- La Vérité : Correspond au thymus
- La Justice : Correspond aux articulations et aux nerfs
- L'Équilibre : Correspond au bassin incluant le coccyx
- La Loyauté : Correspond au système digestif
- La Pacification : Correspond aux genoux
- La Droiture : Correspond au dos
- La Renaissance : Correspond au sang
- La Stabilité : Correspond aux pieds et aux chevilles
- La Vacuité : Correspond aux cerveaux
- La Sensibilité : Correspond au 3e œil
- La Fertilité : Correspond au système reproducteur
- La Fiabilité : Correspond à l'ouïe
- L'Opulence : Correspond au système respiratoire
- L'Ingéniosité : Correspond aux yeux
- La Métamorphose : Correspond aux glandes
- L'Honneur : Correspond à la rate et au pancréas
- L'Affranchissement : Correspond aux omoplates
- Le Créatum : Correspond au système immunitaire.

Si vous souhaitez expérimenter la puissance de ces rayonnements, voici comment faire :

Pour débuter, je vous invite à faire l'exercice #1. Posez votre attention au niveau de votre cœur. Par la suite, prenez quelques bonnes respirations et dites :

- « Je demande à mon cœur d'activer sa grande Rayonnance sacrée de la loi de ... ».
- Dirigez-la ensuite dans la partie de votre corps qui correspond et qui en a besoin.
- Prenez le temps de respirer profondément et d'accueillir les nombreux bienfaits que vous vivrez. Vous pouvez poursuivre avec une autre loi aussi longtemps que vous ressentez que c'est juste pour vous.

Lorsque vous aurez terminé, dites :

- « Je me remercie ainsi que tous les Êtres de lumière qui m'accompagnent pour tout ce qui a été fait.
- Je demande à faire redescendre le taux vibratoire de façon juste et parfaite pour moi et mon lieu de vie.
- Je demande également la libération de tous les ponts arc-en-ciel et à faire refermer les puits de lumière, maintenant ».
- Idéalement, demandez toujours à haute voix ce que vous voulez recevoir. Ce qu'il vous faut savoir, c'est que ces lois sont bien réelles, elles étaient toujours en action jusqu'à ce que la dualité arrive sur la terre. Les enfants âgés de moins de trente ans, sont très sensibles au respect de ces lois et pour certains, ce n'est vraiment pas facile, car ils ressentent une énergie d'injustice lorsqu'elles ne sont pas respectées et ça leurs fait mal en dedans. Plus vous allez faire vibrer ces lois en vous et autour de vous et plus vous réaliserez de façon très consciente la puissance de ces lois.

Annexe 3

Savoir quand et quoi utiliser au quotidien

Le matin avant de vous lever :

- Demandez à replacer l'axe de vos corps de lumière avec votre corps physique et dire : je saute dans mon corps, je saute dans ma vie.

Le soir avant de vous coucher :

Pour débuter, je vous invite à faire l'exercice #1. Posez votre attention au niveau de votre cœur. Par la suite, prenez quelques bonnes respirations et dites :

- « Je demande l'ouverture du couloir du temps de la journée, j'accepte et je reconnais toutes les paroles, les pensées et les gestes que j'ai posé.
- Je demande que la Rayonnance sacrée des 22 Lois soit déversée sur tout ce qui est présent dans ce couloir du temps.
- Je me pardonne pour tout ce qui n'était pas pour mon plus grand bien et je remercie ».

Lorsque vous aurez terminé, dites :

- « Je me remercie ainsi que tous les Êtres de lumière qui m'accompagnent pour tout ce qui a été fait.
- Je demande à faire redescendre le taux vibratoire de façon juste et parfaite pour moi et mon lieu de vie.
- Je demande également la libération de tous les ponts arc-en-ciel et à faire refermer les puits de lumière, maintenant ».

Avant d'aller au travail, à l'épicerie, chez des amis etc. :

- Faire l'exercice du nettoyage des lieux.

Après chaque consultation :

Pour débuter, je vous invite à faire l'exercice #1. Posez votre attention au niveau de votre cœur. Par la suite, prenez quelques bonnes respirations et :

- Demandez l'activation d'une spirale éjectrice émotionnelle, une spirale éjectrice d'empathie émotionnelle, physique et psychologique.
- Demandez à déverser les baumes : turquoise, écarlate, violet, orangé, argenté, le baume du passé, de Dieu et de diamant.

Lorsque vous aurez terminé, dites :

- « Je me remercie ainsi que tous les Êtres de lumière qui m'accompagnent pour tout ce qui a été fait.
- Je demande à faire redescendre le taux vibratoire de façon juste et parfaite pour moi et mon lieu de vie.
- Je demande également la libération de tous les ponts arc-en-ciel et à faire refermer les puits de lumière, maintenant ».

Lorsque le mental va trop rapidement :

Pour débuter, je vous invite à faire l'exercice #1. Posez votre attention au niveau de votre cœur. Par la suite, prenez quelques bonnes respirations et :

- Placez votre main droite les doigts pointés vers le haut au centre de votre poitrine et respirez bien.
- Faites le même exercice avec la main gauche.

Lorsque vous aurez terminé, dites :

- « Je me remercie ainsi que tous les Êtres de lumière qui m'accompagnent pour tout ce qui a été fait.
- Je demande à faire redescendre le taux vibratoire de façon juste et parfaite pour moi et mon lieu de vie.
- Je demande également la libération de tous les ponts arc-en-ciel et à faire refermer les puits de lumière, maintenant ».

Lorsqu'on ressent une piqûre soudainement à l'épaule ou au niveau des omoplates.

Pour débuter, je vous invite à faire l'exercice #1. Posez votre attention au niveau de votre cœur. Par la suite, prenez quelques bonnes respirations et :

- Demandez d'activez la sphère de libération des mémoires physiques, respirez bien et quand la douleur sera partie, demandez à retourner la sphère à l'universel.
- Demandez à déverser les baumes : régénérateur, doré, rosé et flamme violette.

Lorsque vous aurez terminé, dites :

- « Je me remercie ainsi que tous les Êtres de lumière qui m'accompagnent pour tout ce qui a été fait.
- Je demande à faire redescendre le taux vibratoire de façon juste et parfaite pour moi et mon lieu de vie.
- Je demande également la libération de tous les ponts arc-en-ciel et à faire refermer les puits de lumière, maintenant ».

Conclusion

Il va de soi que tout n'est pas magique comme vous l'aimeriez. Cela demande de la persévérance pour faire un pas de plus vers la vérité de votre cœur. Vous avez vécu votre vie de façon trop souvent inconsciente par rapport à l'existence du merveilleux pouvoir créateur qui vous anime. Il aurait été extraordinaire si ces enseignements précieux, que vous venez de découvrir, vous avaient été transmis à l'école.

La Terre est en transformation majeure et cela ne signifie en aucun cas que ces changements s'effectueront dans la facilité, tant et aussi longtemps que l'humain ne réalisera pas qu'il possède en lui le puissant pouvoir de créer sa vie. Qu'il peut manifester tout ce qu'il désire voir se réaliser dans son univers de tous les jours, pour lui et les autres, peu importe son statut.

Prendre conscience que vous êtes de grands créateurs est essentiel car l'impact positif ou négatif de tout ce qui sort de votre bouche, de vos pensées fait toute la différence au sein de ce monde où le pouvoir et le contrôle sont toujours très présents.

L'infinie potentialité de l'homme n'est pas reliée à son éducation ou le poste qu'il occupe dans la société mais bel et bien à la conscience qu'il porte dans les mémoires cellulaires de son âme. Que vous soyez âgé de 10 ans ou de 99 ans, le temps existe que si vous souhaitez qu'il existe. Sachez qu'il sera toujours possible de faire ce retour à soi, dès que vous le choisirez. De nombreux chercheurs travaillent sur Terre d'arrache-pied pour arriver à comprendre le fonctionnement des capacités du cerveau humain. Pourtant, en faisant le retour à soi et en s'autorisant à retrouver toutes cette mémoire qui dort en chacun d'eux, reliée à la connaissance du Sacré Initial, les résultats seraient beaucoup plus rapides et importants.

Êtes-vous de ceux qui ont acheté la croyance de la fatalité? Il est temps de faire l'exercice pour vous en départir, car je vous le dis à nouveau, ce n'est pas ce que vous apprenez dans les livres du passé qui réveillera en vous cette connaissance si grande, si juste et si puissante à la fois.

Être conscient à chaque instant n'est pas très facile à réaliser. Cependant, rien n'est impossible à celui qui a la foi et la confiance en son pouvoir créateur. Apprendre et accepter que le passé n'est pas le reflet de votre avenir si vous en faites le choix en conscience.

Je vous ai partagé des exercices très puissants et justes à la fois. Vous les avez peut-être expérimentés ou pas. Comme vous avez acheté ce livre, le moment venu, vous expérimenterez et vous verrez que rien n'a été laissé au hasard.

Faire l'utilisation des outils énergétiques devient un mode de vie dès que vous acceptez et reconnaissez que vous êtes conçus à 90% d'énergie et seulement à 10% de matière physique. Avec cette connaissance, cela devient beaucoup plus motivant et facile de se donner le droit d'expérimenter.

Je vous invite à vous poser les questions suivantes :

Qu'avez-vous à gagner à être responsable de votre bien-être? Qu'avez-vous à gagner à vivre dans la légèreté de l'esprit? Qu'avez-vous à gagner à vous libérer des chaînes du passé? Qu'avez- vous à gagner à vous regarder droit dans les yeux et à vous dire : « à partir de maintenant, c'est moi la personne la plus importante dans ma vie?».

Je pourrais vous écrire des centaines de raisons pour vous faire réaliser que tout devient possible, que tout est en soi et que tout se transforme à l'infini. Qu'est-ce que cela vous apporterait si vous ne faites pas l'effort d'effectuer le retour à vous-mêmes et de noter dans votre petit calepin tout ce qui demande à être libéré, accepté et pardonné?

Souvenez-vous que je me dois de vous apprendre à revenir vers vous-même et je ne peux le faire à votre place. Souvenez-vous ce que j'ai vécu avec l'expérience du pendule de mon ami Gaëtan, je n'ai pas du tout le goût que ça se reproduise.

Il existe de nombreux outils et tous sont adaptés pour un besoin spécifique. Donc, comme le corps holistique est plutôt complexe, il est bon d'avoir accès à tout ce savoir. Ce qui rend ces outils encore plus extraordinaires, c'est que toute personne sachant parler, peut les utiliser et obtenir de très grands résultats.

Aujourd'hui, les gens qui se sentent appelés à développer leurs sens, leurs dons et leurs capacités de guérison, peuvent y parvenir beaucoup plus facilement en utilisant les outils énergétiques, car ces derniers ont pour but de redonner la forme initiale dans sa perfection sans aucune énergie de pouvoir ou de contrôle. Souvenez-vous que le corps est conçu de 90% d'énergie et que 10% de matière physique.

En parcourant mon site internet : https://isabellestgermain.com, vous découvrirez mon nouveau programme en continu qui vous apprendra le fonctionnement du corps physique afin de pouvoir à votre tour faire des soins énergétiques complets.

Les Atlantes avaient vraiment tout prévu. En ces temps immémoriaux, ils savaient déjà ce qui se produirait sur la terre, des milliers d'années plus tard. Ils ont donc utilisé leurs savoir-faire, pour manifester tous ces outils afin que le jour où l'être humain serait suffisamment dans cet état d'âme d'amour du Soi, il aurait ce dont il a vraiment besoin pour retrouver ses capacités extra-sensorielles ainsi que son pouvoir de guérison spontanée.

J'aimerais vous dire qu'il n'y a pas d'effort à faire, que tout est magique mais ce qui est beaucoup moins facile à mettre en action, est tout simple, c'est de ne plus alimenter de source d'énergie destructive envers Soi et même si on le veut profondément en nos cœurs, c'est tellement naturel de le faire. Ça demande de faire plusieurs libérations au quotidien, car tout se recrée rapidement, mais souvenez-vous que ça prend le temps de le demander et ça se libère rapidement, ce n'est qu'une question de secondes.

Si vous avez pris le temps d'effectuer les exercices que je vous ai proposés, alors vous devez avoir déjà eu de très beaux résultats. Il est important d'être dans un état d'amour envers vous pour maximiser vos résultats. Personne d'autre que vous allez savoir si vous voulez vraiment transformer votre vie ou pas. Car beaucoup de personnes aimeraient simplement en finir avec ce passage sur terre mais ne le disent pas. Vous ne pouvez pas alimenter la mort et vouloir vivre pleinement à la fois. Vous devez faire vos choix. Vous êtes la seule et unique personne qui peut faire ce choix pour vous, alors qu'allez-vous choisir?

Tous ces beaux outils énergétiques sont en attentes d'être utilisés par le plus grand nombre d'êtres humains. Ils n'appartiennent à personne en particulier donc ils sont libres d'accès.

Serez-vous la prochaine personne à se réapproprier son droit de naissance? Son droit à ce qui est le plus extraordinaire?

Si vous répondez de façon affirmative, alors je vous invite à me partager vos expériences et si vous avez des questions, n'hésitez surtout pas à m'écrire à mon adresse courriel :isabellestgermain2022@gmail.com.

J'ai créé un programme de vidéos comprenant 153 soins pour vous apporter la connaissance des outils énergétiques et le savoir-faire. Ce programme est toujours d'actualité et vous pouvez en faire l'achat en m'écrivant et je vous donnerai tout le détail et le descriptif de chaque soin. Je vous propose de faire ces soins énergétiques conçus pour la santé holistique sur une période de onze mois.

Vous trouverez un espace sur mon site internet: https://isabellestgermain.com pour découvrir les 32 familles d'enfants qui sont présentement incarnés sur la terre en provenance du grand Multivers. Vous arriverez sûrement à vous reconnaître et à trouver la famille de vos enfants par le descriptif que j'en ai fait en visitant ces univers.

Ne laissez pas la fatalité faire en sorte que votre vie ne ressemble pas à vos rêves et vos désirs et prenez le temps d'expérimenter les outils énergétiques pour transformer ce qui vous limite, ce qui vous empêche d'avancer dans votre réalisation. Je crois que chaque personne qui est sur terre actuellement porte en elle la connaissance d'Atlantide. En lisant la partie qui s'y rapporte, vous avez la possibilité de vous relier coeur à coeur à tous ces êtres extraordinaires et de leur parler si vous avez des questions à leur poser. Ils se feront une joie profonde de vous répondre.

Ce qui est encore plus extraordinaire, c'est qu'au fil des années, j'ai ouvert beaucoup d'accès afin que l'humanité ne soit pas obligée de refaire tout le parcours que j'ai eu à effectuer. Ceci signifie qu'il sera beaucoup plus facile pour vous que cela l'a été pour moi, car la porte est déjà ouverte et prête à être franchie.

J'avais fait une promesse à mes amis les Atlantes de transmettre la connaissance de cette île et de ses habitants. À présent, je peux dire que j'ai honoré ma promesse. Je sais que dans un futur proche, j'écrirai à nouveau pour apporter la suite de ce que cette civilisation souhaite nous transmettre. Pour le moment, je sais que j'ai écrit ce qui devait être transmis.

Je vous remercie de m'avoir lue et d'avoir osé effectuer les exercices que je vous ai proposés. Cela me touche profondément.

Je remercie également cette âme qui est la mienne, d'avoir accepté de revenir sur la Terre pour apporter toute cette connaissance. J'ose croire qu'elle aura fait la différence dans la vie de beaucoup d'humains.

Dans l'humanité partagée

Avec tout le respect que je porte à l'humanité et à notre terre!

KOSHAM TAÏÉH! (Je me reconnais en toi!)

Isabelle St Germain